沙因组织文化与领导力系列

HUMBLE
CONSULTING
HOW TO PROVIDE
REAL HELP FASTER

谦逊
的咨询

沙因咨询思想精要

[美] 埃德加·沙因 著
（Edgar H. Schein）

朱秀华 张维拉 程霄晨 译

图书在版编目（CIP）数据

谦逊的咨询：沙因咨询思想精要 /（美）埃德加·沙因（Edgar H. Schein）著；朱秀华，张维拉，程霄晨译 .-- 北京：机械工业出版社，2021.5（2023.4 重印）
（沙因组织文化与领导力系列）
书名原文：Humble Consulting: How to Provide Real Help Faster
ISBN 978-7-111-68050-5

Ⅰ. ①谦⋯ Ⅱ. ①埃⋯ ②朱⋯ ③张⋯ ④程⋯ Ⅲ. ①企业管理 - 咨询 Ⅳ. ① F272

中国版本图书馆 CIP 数据核字（2021）第 068991 号

北京市版权局著作权合同登记　图字：01-2021-1377 号。

Edgar H. Schein. Humble Consulting: How to Provide Real Help Faster.
Copyright © 2016 by Edgar H. Schein.
Simplified Chinese Translation Copyright © 2021 by China Machine Press.
Simplified Chinese translation rights arranged with Edgar H. Schein through Andrew Nurnberg Associates International Ltd. This edition is authorized for sale in the Chinese mainland (excluding Hong Kong SAR, Macao SAR and Taiwan).

No part of this book may be reproduced or transmitted in any form or by any means, electronic or mechanical, including photocopying, recording or any information storage and retrieval system, without permission, in writing, from the publisher.

All rights reserved.

本书中文简体字版由 Edgar H. Schein 通过 Andrew Nurnberg Associates International Ltd. 授权机械工业出版社在中国大陆地区（不包括香港、澳门特别行政区及台湾地区）独家出版发行。未经出版者书面许可，不得以任何方式抄袭、复制或节录本书中的任何部分。

谦逊的咨询：沙因咨询思想精要

出版发行：机械工业出版社（北京市西城区百万庄大街 22 号　邮政编码：100037）
责任编辑：李文静　王　芹
责任校对：殷　虹
印　　刷：北京捷迅佳彩印刷有限公司
版　　次：2023 年 4 月第 1 版第 4 次印刷
开　　本：147mm×210mm　1/32
印　　张：8
书　　号：ISBN 978-7-111-68050-5
定　　价：69.00 元

客服电话：(010) 88361066　68326294

版权所有・侵权必究
封底无防伪标均为盗版

谨以此书献给我已故的妻子玛丽，在我意识到谦逊的咨询的重要性之前，她就已经在实践了。

目 录
---- CONTENTS ----

总　序（杨斌）
序　言

第 1 章　何去何从的咨询顾问　/001
案例 1　贝塔电力公司的文化变革｜003

第 2 章　谦逊的咨询创新之处　/016

第 3 章　建立信任、开放的 2 级关系的必要性　/030
案例 2　初衷虽好，帮助不大：工程部门访谈｜048
案例 3　与数字设备公司一起冒险｜052
案例 4　在银行业务中应用新 IT 技术｜073

第 4 章　谦逊的咨询始于第一次谈话　/084
案例 5　重构开发文化分析模板的需求｜098
案例 6　通过过程建议创造客户：阿尔法电力公司｜106
案例 7　马萨诸塞州奥杜邦董事会特别工作组：个人化的成功｜112
案例 8　"剑桥居家"委员会：个人化的失败｜118

第5章　个人化：强化2级关系　/125

案例9　帮助麻省理工学院个人化教学｜127
案例10　汽巴-嘉基的参与程度｜140
案例11　高管教练的困境：谁是客户｜159
案例12　一个不幸的个人化错误｜166

第6章　谦逊的咨询专注于过程　/170

案例13　一个问题重构了美国铝业澳大利亚分公司｜171
案例14　宝洁昆西工厂的团队建设活动｜174
案例15　放弃在一个销售型组织里建设团队文化｜176
案例16　成功降低通用电气林恩工厂的工程师离职率｜181
案例17　如何评估和"测量"销售型组织的文化｜185
案例18　成功减少美国国税局的总部与地方冲突问题｜189

第7章　创新的适应性行动　/195

案例19　阿尔法电力公司的安全问题｜197
案例20　减少美国林务局消防员的死亡人数｜203
案例21　帮助INPO更好地支持核电厂｜205
案例22　适应性行动的成与败：DEC战略回顾｜207
案例23　为萨博技术咨询公司创造新对话｜213
案例24　在壳牌勘探与生产部门运用对话｜214
案例25　学术医疗中心的特别午餐小组｜216

结束语　关于如何成为客户真正的助力的一些想法　/220

致谢　/224

关于作者（自述）　/226

参考文献　/229

总 序
FOREWORD

为人之道

　　翻译是个创作过程，让人战战兢兢。极有思想的作者，富有创见的著作，新颖的概念，让你认得、（认为）懂得却深陷"lost in translation"之难。此中有真意，欲辨已忘言。比如我经常将其作为领导力必读书推荐的《小王子》一书中的法文"apprivoiser"，英文用了"tame"，这在中文中有"驯养""驯服""驯化""羁绊"之意。再比如，随着欧美对中国经济与管理特殊性的兴趣提升，guanxi 作为一个外来词直接进入到英文管理研究的厅堂中，而摒弃了曾经译者以 relationship、network 或者 special connection 来概括的努力。"变革型领导"作为 transformational leadership 的译法似乎已经得到了公认，但这里的"变革"与科特"领导即变革"之中的"变革"，有无不同？伯恩斯所开启的对 transactional 与 transformational 的比较，究竟是之于事（业），还是之于人（们）？

仅仅是语言维度上的严格精准的翻译，不能排除会造成更大范围的误读、误伤。譬如，在不同的文化中，词语各有其褒贬。以"交易"来说，将 transactional leadership 译为交易型领导，就已然具有了某种判决的效力。2002 年翻译 leading quietly 之时，"沉静"尚不是个管理学大词，译成"默默领导"就默默地少了在策略上的质感。个体主义还是个人主义，不仅仅是个译法的问题，还直接影响到伦理上是否有立场上的正当性。社区、社群，乃至于共同体，都来自 community 一词，却需要悉心区分，毕竟在中文语境下，就不自觉地呈现出是着眼于场所平台，还是看重活跃于其上的人，甚或对人群是否有机建构着关系所做出的判断。而当德鲁克赋予管理学以 liberal arts（博雅器识）的温度属性，却又一次地让这个在教育学界争论纷纭的词激荡起管理学者的层层脑波。

我既不是为译者们诉苦——向坦诚直陈"我们翻译不了德鲁克"的同道致敬，也并不认为就得有个标准答案、一致意见。让讨论继续着、衍发开，推敲本身就有积极的意义。难道，多因为与人文相关，与文化相融，与时代相嵌。难道，是因为你不肯忍痛割舍原来的绝妙。于是，人们参照着不甘舒服下咽的译法，也正是在体会着人文的复杂，参看着不同的文化，深化着对时代的理解。济慈所说的"negative capability"（负容力），是坤卦，是承载容纳；人能够安于不确定、神秘与怀疑，而非性急地追求事实和原因，悦纳难言；或如菲茨杰拉德所说，头脑中能同时存在两种相反的想法而仍保持行动能力，以智涵知。难道、误会，正体现着深刻的人文性、人与文的丰富性；意会与言传之间的 lost in translation，更体现出人性、人无法被机器（轻易）替代的价值。

这就说到了人的价值，如果你当管理学是博雅学问，是优先修养器识而非兀自训练文艺的，那么，人的价值应该就在管理目标的核心。只是，沉浸于高新技术和细节中，人的价值不知不觉地就被管理的各种目标函数忘却了。在管理学院中，即使名字里带着"人"字的课程，也恐怕更多关注的是人力作为一种资源的价值，而非人的价值——人自身的价值。许多高超漂亮的定量研究，都以公司的股价变化，以及市场占有率、利润或财富的增减，来衡量某种管理工具、管理方式是否有效并值得予以推广。这不由得让我想起了《小王子》中的一段喃喃——

这些大人们就爱数字。

当你对大人们讲起你的一个新朋友时,他们从来不向你提出实质性的问题。

他们从来不讲:"他说话声音如何啊?他喜爱什么样的游戏啊?他是否收集蝴蝶标本呀?"

他们却问你:"他多大年纪呀?弟兄几个呀?体重多少呀?他父亲挣多少钱呀?"

他们以为这样才算了解朋友。如果你对大人们说:"我看到一幢用玫瑰色的砖盖成的漂亮的房子,它的窗户上有天竺葵,屋顶上还有鸽子……"

他们怎么也想象不出这种房子有多么好。

必须对他们说:"我看见了一幢价值10万法郎的房子。"那么他们就惊叫道:"多么漂亮的房子啊!"

"实质性的问题"!这些被想着干许多大事、算许多大账的"大人们"丢失掉的对于这些"实质性的问题"的关心,却正是沙因教授这几十年来研究、咨询、教学的重心。他的著作中没有那么多的数字,没有截面数据或大规模问卷调研,他只是娓娓地讲述着一个又一个他花了几年十几年功夫深入其中的组织故事,以冷静耐心的态度,以医者仁心的立场,以及他从这些故事中洞察、抽象出来的概念、模型。他关心因为组织起来更有效率的人们，如何克服因此而形成的组织与个体的诸多对立；他关心组织所形成的心智模式、基本假设，如何不因其司空见惯而发展到某一天的细思恐极。他像是管理学者群落中的 Andy Dufresne（安迪·杜佛兰），由衷地想要知道第一夜就没熬过去的狱友的名字，拒绝以编号来称呼失去人身自由的每一个"人"，并超然无我地鼓励大家抱持对自由的守望。

德鲁克的 liberal arts（博雅器识），麦格雷戈的 human side（人性面），沙因的 personization（人心化[一]），都是在提醒管理者在达成组织外在目标的同时，要看到组织这个森林里仍然有着的一棵棵活生生的独特"树木"，而不是以木材生产的流水线标准去计算不同组织成员的价值。这是组织的"实质性的问题"。

管理工作对于整个社会的贡献，不只是基于组织这个整体而言的。管理工作的重要产出（之一），常被作为副产品或根本不作为产出品的，是管理中人与人之间的关系，是这些关系因为管理工作而产生的变化——正向的、健康的、开放的、信任导向的、可持续的，抑或是负向的、病态的、防

[一] 人心化，这也是学着沙因而造出来的中文新词，这几个词的中文是我认为合适的译法，和书里译法不尽相同。

御的、博弈导向的、破坏性的。这些关系无论是发生在组织内部，还是组织与组织间，是上下级或是平层，长期或是阶段性的，公开的或者隐约的，如果我们透过组织这层皮囊透视过去，就都是社会中的个体与个体之间的关系，在动态演化中，并如涟漪般，进一步地波及社会中的其他个体、群体（通过他所扮演的其他社会角色的人际交互）。

这就像《公共汽车咏叹调》中的众生。如怀特笔下的组织人（the organization man），也是社会人，组织不是他的全部，他对社会的影响超过组织的边界和组织角色的局限。在这种考量下，组织成员之间的关系，或因为管理工作而发生的关系变化，并非只是组织内务，而都有其重要的外部性、社会价值。毕竟，一个人的职业角色，无法与他的其他社会角色、家庭角色分割、分隔。Transaction 中的双方，究竟算是交道、交易还是交情？领导与追随，是驭人统率还是相互成就？咨询与问讯，怎样才是诚恳，如何才算够专业？帮助如何才能得体合宜，帮助者怎样才不会变成精神上的侵入者、关系上的操纵者，帮助本身如何不混杂进道德劫持？是着眼于问题的权宜解决还是人间的扶持提携？这些问题，也许不是如何让组织更高效运行的管理问题，不好用算法去优化求极值，但却关乎着组织、社会和人的未来。领导、咨询、问讯、帮助，应该也是改善、造福社会和人生的方式。毕竟，生活与工作的丰盈，关系其实是重要基础。

关系真的是门大学问，却不是功利性的关系学，只将人以及人与人的关系当作是工具；人是目的，关系本身已是价值自在；不是出于just-in-time的应激或者just-in-case的算计而缔结关系，而是just-in-joy（乐在其中）、just-in-belief（出于人性），甚至just-into-you（想想《小王子》中的"apprivoiser"）。**为（wéi）人的目的，依然是为（wèi）人。**若非如此，目的扭曲的种子，长不出正直的果实。耗费心力的关系技巧，不管多么机巧地利用着、勾引着、放大着人性的弱点，不过是甘愿让物欲奴役，让事（物、财、绩）的价格高企，让人之为人的价值蒙尘。是的，在管理者愈来愈精妙的效率竞赛中，事而非人，价格而非价值，成了目的与核心，成了攻略的胜负手。这些个guanxi或是networking，人脉而非人心，离信任、开放的关系，背道而驰，终不得宁。

也许你会好奇，沙因（父子）为什么将这一系列以humble（谦逊）作为主题？是否这是一种新研发出来的以退为进、佯弱胜强的新领导力秘籍、咨询策略、问讯技巧，或是寻求帮助的敲门砖？不，不是的。

当然，谦逊正反映着沙因教授的本色性格，他真是个不争之人——沙因不争万物立，海能卑下众水归。细沙不争，万物立在其上；大海卑下，众水归入其中。2004年我写过《沙因老头》的故事，说过这位大师前辈的逸事，有兴趣的可寻来看。而在这个系列中，我的体会，沙因所突出强调的谦逊，不是故作姿态的低调，不是策略性的示弱，是对组织成员各具特色、各擅胜场的尊重，是对知识与判断力在组织中以分布式呈现的理解，更是对于世俗意义上的诸居高临下角色（领导者、咨询顾问、问讯者、帮助者）的一种特别的提醒与反正。"不自见，故明；不自是，故彰；不自伐，故有功；不自矜，故长"，自然而然，平等待人，敬畏专业，止于至善。在这种对谦逊的强调之中，蕴含着对人与关系的珍视，以谦逊作为界定、修饰的领导力、咨询、问讯与帮助，人与关系就必须放在目标函数中，是这些人际互动的核心产出，而不能（只）作为实现其他外显目标的有效手段。

在教育的场景中，谦逊与关系之道具有很强的启发性。师与生之间，师尊生卑，或是学生客户化、教学服务化，都非正途。弟子不必不如师，师不必贤于弟子，谦逊是自然的、必需的。若以一颗心灵唤醒另一颗心灵来理解教育本质，师生互动也绝非业务性的、命令性的、单向式的、就事论事的、知识导向的，以 personization（人心化）来建设相互尊重、合作、信任的师生关系，能够让师生双方都获得成就感与生命价值的体验，获得 2 级关系的积极实践，促进学生（以及老师）自由个性、健康人格和君子器识的确立。小班教学作为一种方向，在很大程度上并非由于知识传授在较大群体中的困难而致，而更在于以利 personization（人心化）的切实可行。同时，要看到在知识能力提升之外，在学生品格锤炼德性修养之外，师生关系、生生关系，也都是教育的重要成果，也并不因为正式的教与学过程结束、学校阶段完成而终结。值得探究的是，古人常以"亲其师"（也是一种人心化）作为"信其道"的前提，而"亲其生"，该是"传其道"的良好基础，然后教学相长，彼此造就。师生之亲，同侪之谊，社群之凝聚，本身就是教育之大美。

在家庭的场景中，谦逊与关系之道就得要沙因父子再认真地写几本书。家庭中的信任与忠诚关系仿佛是毋庸赘言的天经地义，但，3 级关系甚至 2 级关系，又在多少家庭中真正存在？Parenting（父母之道）似乎是不需要教与学就能自动掌握的，反正，谁能（敢）说我不会当爹？"相爱是容易的，相处是困难的"，婚礼是热烈的，但接下来的日常生活并非仪式活动。相互长期持续"伤害"的家庭成员关系，

比 -1 级关系（没有人情味的支配与强迫）更糟糕，列为 -2 级，这种关系无法摆脱，其中一方认为自身可以理所应当地对另一方进行干涉与强求。可外界很多时候认为这是合情合理的。不意外地，捅破窗户纸看，即使是形式上的谦逊也往往是用在外人身上的，于家人，则可全免。Personization（人心化），是不为也，非不能也。甚至，因了解更深，伤害也更准。所以，沙因父子将本书的读者群列得很广泛，从他们认为最需要也最用得上的企业组织，到政治、体育、非政府等各种社会组织，从与人打交道的各种岗位，到因知识不对称而权威化的各种角色，都是本书再合适不过的读者对象。但是，沙因没有说到家庭这种古老而又不断变异的社会组织，该是这本书的靶心读者之一，是个遗憾。这可不能灯下黑。谦逊、关系，具体到家庭场景中——对亲人好好说话，真正学会帮助的度，尊重（最起码要倾听）家人的不同（意见或是人生选择），谋求彼此的共赢（而不是动不动就要牺牲），给空间让各自保持独立，等等；这些基本的相处之道，沙因的谦逊系列，可以作为必读，如果希望成为一个合格的家庭成员的话（好的家庭成员，真的不是生出来的；好的家庭相处之道，真的不是生来就会就行）。

过去常在教学结课时被邀请给同学寄语，记得其中有一句写过几次的话，算是有些沙因的味道——"MBA不是人手，更不是造就、使唤人手的人上人"。人手是相对于"有心的人"而言——MBA也好，大学培养的各样人也罢，即使干着细碎的、辛劳的、平常的工作，也不能当自己只是个人手（hiring hands），而一定要有着仁心（higher purpose）。如果你读懂弄通了沙因的谦逊观，从仁心出发，重新审视管理行为，就会知道这种"人上人"之于他人、组织和社会的危害极大，因为这种"人上人—人手"的搭配，在合法合理地、很有效率地助长着人的价值持续地被物化。人手与人上人，都与沙因的谦逊相悖，都远离了人、人性、人的价值。

为人之道，说的是管理应是为（wèi）人的；管理，作为一个人为的行为，终是为了人的价值，方能回归到初心。读读沙因吧，这是仁者的声音，希望你用心去听。

仁者沙因，谦逊为人。

杨斌　教授
清华大学经济管理学院领导力研究中心主任

序　言
——— PREFACE ———

本书汇集了我在过往 50 年的研究、教学及咨询中所获得的各种洞见和想法，亦反映出组织在瞬息万变的环境中所遇到的诸多问题促使我的想法发生了怎样的变化。

20 世纪 60 年代，我成为一名人际关系培训师和兼职咨询顾问，由此开启我的职业生涯。后来，我开发出过程咨询模型（在 1969 年、1999 年先后出版的我的两部著作《过程咨询》《过程咨询（修订版）》中均有介绍），该模型强调客户充分参与发掘问题和解决问题过程的必要性。在数十载实践和完善该模型的过程中，我意识到，我们在组织和管理咨询中一直使用的这个模型可以更广泛地应用于各种帮助关系，这一想法促使我在 2009 年写下《恰到好处的帮助》[⊖]这本书。从社会学角度分析帮助过程亦表明，文化范式或多或少会影响我们在帮助过程中对于咨询顾问及客户角色的认知。

以我作为帮助者的经验来看，客户能够信任帮助者并能坦言困扰自己的问题是至关重要的。然而我发现，在美国文

[⊖] 此书中文版已由机械工业出版社出版。——译者注

化中,"提供建议"往往被视为英雄般的行为,因此帮助和咨询总是以专业、正式的诊断开场,以给出建议结尾。这导致客户很难保持信任和开放。管理咨询方面的朋友告诉我,"要想真正做好工作,你就必须这样"。尽管我不愿意相信,但是我发现很多客户也受到这个观念的影响。我意识到,执着于提供建议是美国管理文化中普遍存在的特点,于是我在2013年写下《谦逊的问讯》[⊖],并在书中指出,若下属看到工作过程中存在安全或者质量问题,想上报但又缺乏心理安全感,则会引发很多潜在危害。

在我自己的咨询实践中,我发现提供建议并没有多大的作用,而且客户在请我提供帮助之前,往往已经在其他咨询顾问那里经历过正式的咨询过程,结果是这种"先诊断后建议"的方法并不十分奏效。正式的咨询过程经常会忽略实际的问题,或者由于咨询顾问未充分考虑到各种各样的原因,给出的建议无法真正地付诸实施。

与此同时,领导者和管理者们所面临的问题更为复杂,更难以诊断和解决。我从自身的多次经历中认识到,我在与客户接触的初期提出的问题、看法和疑惑,实际上对促使客户认识及思考现状大有裨益,而这往往又能促使客户尽快采

⊖ 此书中文版已由机械工业出版社出版。——译者注

取其自身与咨询顾问当下都认可的后续行动。关于这些经历的讨论，参见本书中的案例。

于是，我得以跨越固有模式，分享经验，即快速地提供真正的帮助可以实现，但这要求帮助者必须一开始就与客户建立起开放、信任的关系。考虑到问题的难度及复杂性，以及客户自身观点在这段关系中的重要地位，这就要求咨询顾问保持谦逊的态度。在本书中，我将描述这些新问题、顾问与客户之间必须建立的新关系，以及咨询顾问要想真正帮助到客户必须学习的新行为和新态度。

在我看来，这就是我想法的一次转变。其实许多想法早已暗含在我的早期工作中，只是现在我才对这些洞见及新原则有了清晰的认知。如果我们真的想在复杂、动态、混乱的问题上对客户有所帮助，如果我们希望帮助能够达到立竿见影的效果（毕竟在很多情况下，客户需要立即采取"适应性行动"），那么我们就要遵循新原则。

谦逊的咨询的历史脉络

谦逊的咨询（Humble Consulting，HC）从过去处理复杂性、相互依赖性、多样性和不稳定性的诸多模型中汲取经验。几乎每一种帮助理论都有提及"关系"的概念，不过鲜少涉及"关系"的层次性以及关系建立过程中所包含的因素。当然，奥托·夏莫的《U型理论》（2007）是个例外，在这本书中他明确划分了对话的层次，并通过分析如何触及自己内心最深处及最深层关系，找到了创新的真正源头。

在应对不确定环境下的问题并制定可行的对策方面，最为相关的理论由著名学者卡尔·维克提出。在对"高度可信赖组织"的研究中，卡尔·维克提出了"松散耦合理论"（Loosely Coupling）、"意义建构理论"（Sense Making）以及"拥抱错误"与"韧性"概念，首次充分阐明了对这类问题的理解及后续可行性行动制定的理论与模型（Weick and Sutcliffe, 2007）。从社会学角度看，我发现，著名社会学家欧文·戈夫曼对互动与"情境属性"的分析是理解人际关系如何形成、如何维护、受损后如何修复的基本模型（Goffman, 1959, 1963, 1967）。密切相关的系统模型还有"组织学习"（Senge, 1990）及"家庭治疗"（Madanes, 1981）。而著名心理学家兰格提出的"专念"（Langer, 1997）概念对我所提到的"必备新技能"至关重要。我还借鉴了一些得以充分实施且允许一线员工参与的变革项目，它们所依托的"精益生产"方法起始于著名质量管理大师戴明和朱兰的质量管理研究，后演变为丰田生产体系（Toyota Production System）（Plsek，2014）。英国著名心理健康机构塔维斯托克诊所（Tavistock Clinic）选用开放式的社会技术系统方法识别和解决问题，较"评估—分析—解决问题"的标准化方法更具建设性。

最具参考意义的或许是过去10年中布舍和马沙克（2015）提出的"对话式组织发展"，它有别于传统的"诊断式组织发展"。布舍和马沙克同哈佛大学教授海菲兹（1994）等领导力理论研究专家一样，强调当今所面临的复杂问题已不再是使用特定工具就能解决的技术问题，我们最好的应对就是找到行之有效的对策，也就是本书中提到的"适应性行动"。这将涉及更多的开放性的新型对话。在这一背景下，强调"行动"的概念极为必要，因为这意味着不必等心中有计划或解决方案才可行动。

最后，我在人际关系实验室管理敏感性培训团队的经历亦给我很多启发。当时我是为位于缅因州贝瑟尔的国家培训实验室工作，该实验室的核心理念是"探询精神"，并且十分明白"我们并非随时都知道学习会将我们带向何方"（Schein and Bennis，1995）。建立恰当的关系，帮助客户"学会学习"在当时就已是"谦逊的咨询"的关键目标之一,如今其重要性更是上升到前所未有的高度。

"探询精神"在当代的最佳例证当属比尔·艾萨克斯(1999)提出的"对话"概念以及巴雷特在著作《对混乱说是》(*Yes to the Mess*,2012)中展现的非凡洞见。后者更是从爵士乐即兴表演技巧出发,高妙地启发帮助者和领导者,为其未来工作方向提供重要线索。

本书的结构

第1章罗列基本问题,阐明当下和未来的复杂混乱问题需要一种新型的帮助、指导与咨询模型。第2章介绍谦逊的咨询模型的新要素或新内容。接下来的章节则依次对各新要素进行说明和例证:第3章介绍了2级关系的概念;第4章说明采取某种态度,最大限度地保持好奇心,在第一次与客户接触就建立2级关系的必要性;第5章探讨了新咨询模型的关键——个人化的完整概念;第6章强调在咨询顾问与客户探索适应性行动的过程中,咨询往往能起到更大的作用;第7章详细介绍适应性行动的概念,并探讨如何根据需要进行创新。本书最后以得出的结论和未来面临的挑战为结尾。

第 1 章
CHAPTER 1

何去何从的咨询顾问

我每个月都会与一家大型医学院附属医院的高级管理人员和医生一起参加午餐会，他们均就职于这家大型学术性医疗综合体。午餐会上，我们共同探讨医院及医学院如何进一步改善医疗护理质量、患者与员工安全条件、患者就医体验、医学研究与教育。我了解到，医生群体包括临床医生、研究人员和教师，他们有着迥然不同的日程安排，但又必须通力协作，而且他们均依靠医院和大学提供资金支持。

医院是医学院及部分研究的主要资金来源。医院的管理者不一定由医生担任，他们必须平衡研究、临床实验、安全、维护与扩建社区医疗系统的资金需求，同时要为未来建设项目预留备用金。医生全部受雇于医学院，若他们同时在医院内担任临床医生，则也要向医院管理人员汇报。高级管理层竭力确保所有人步调一致，同时也不得不承认：研究、教学与临床实验的目标有所不同，个体为完成各自的目标会制定不同的日程安排，而各自的主管也会维护这些目标和日程安排。

得益于我在组织文化领域的工作经历、在过程咨询方面的经验，以及对于医疗护理与医院管理的浓厚兴趣，我有幸受邀加入该团体。近几年来，我也曾作为小型智囊团的一员，与其他医院管理人员见过面，了解到这类问题在医学院附属的大型医疗中心异常普遍。

一想到明天要参加的午餐会，突然之间我竟不知自己要何去何从。

对这种窘境的反思

在我多年的咨询生涯中，我经常会发现，扮演专家角色并提供信息/建议确实可以起到帮助作用，但这仅限于界限清晰的简单问题。我也曾扮演过企业客户的"医生"，为其诊断问题并提供建议。这种方式偶尔奏效，完全是因为我碰巧掌握了足够多的关于该组织定位、使命和文化基因的内部消息，从而能够给出切实可行的建议。

我很早就开始学习成为我所说的"过程咨询者"，帮助组织中的团队更高效地履行基础职能与使命。这种方式通常需要与客户建立关系，以便双方能够共同诊断问题并找到解决方案。但若是问题复杂，涉及多元文化且不断变化，这种过程式的咨询方式就会失败。为与该医疗团队游刃有余地交流，我需要转变思路，找到应对复杂与多变环境的有效方案。

我随即想到了几年前接手的一个案例，我把它称为"面对复杂的文化变革，我最成功的一次咨询"。

案例1　贝塔电力公司的文化变革

潜在客户：您好，沙因博士，我是贝塔电力公司的苏·琼斯，目前负责人力资源与管理发展。我们新任CEO希望我给您打电话，询问您是否愿意帮助我们改变当前僵硬古板的企业文化。受制于老旧的传统和做事方式，我们公司的新项目进展艰难。您是否方便来我们公司做进一步了解，帮助我们发起文化变革项目？

（当听到这个提议及问题时，我有两个反应：首先，我很感兴趣而且我有把握能够处理好这类项目；其次，我回忆起一些在尚未对组织做更多了解就贸然拜访的失败经历，想到当下还不清楚新任CEO对所谓的"僵硬古板"的文化具体有哪些设想。我也想多了解一点新任CEO的动机，他是想安排苏来做这件事,还是要亲自参与其中?这对文化变革至关重要。这些想法由此引出如下对话,我把它称为"个人化"。)

我:听起来很有趣,不过可能有点复杂。我想,有必要就此和CEO面谈一下,聊聊贵公司的现状以及他的想法。我想知道他是否愿意来剑桥和我单独面谈?

(上述答复我称之为"适应性行动"的第一步,即与客户建立更为私人的关系,以了解对方的真实想法。)

苏:您说的没错,我们可能确实需要在公司以外的地方详谈一下。请先让我和他沟通一下,看看他是否能去拜访您,我晚点再回复您。

(一周后。)

苏:我和我们的CEO沟通过了,他非常愿意过去拜访您。新任COO和我会陪他一同前去拜访您。我们可以约定半天的会面时间。

我:我来看看哪些天合适。此外,希望您知道,这半天的会面是收费的。

(以往的经验告诉我,解决问题的最好时机有时恰恰发生在早期会面时。因此,除非是特别简短的试探性电话沟通,正式的会面我都会收费。)

苏:没问题,晚点我会和您确认具体的日期。

(两周后,早上九点,我们在我家的花园见面了。之所以选择在我家见面,是因为这样的"茶话会"更像是在邀请客户参加一次私人会面。)

我:欢迎来访!我们一起聊聊您对"僵硬古板的文化"的看法吧。

CEO:好的,埃德加,我可以直接这样称呼您吗?

我:当然可以。

CEO:我和约翰(新任COO)想要在公司实施一些新项目,却发现很多雇员固守着旧习惯和传统,企业文化老得像化石。

我:可否给我举个例子?

(在不了解客户的谈话内容、文化概念或者真正困扰他们的问题时,要求举例是很不错的选择。我话音刚落,COO就从椅子上一跃而起,兴奋地加入了讨论。)

COO:可以,埃德加,我可以给您讲讲昨天刚刚发生的一个例子。我有一个大概15人的团队,我们经常在一间大会议室里定期开会,他们总是坐在各自最初的位置上。恰好昨天又是个开会的日子,当时只有其中的5个人参加,但他们还是坐在各自原来的位置上,整体看上去就显得特别零散!

(约翰双手张开,做出"瞧瞧我都面对了什么"的姿势,然后停下来用期待的眼神望着我。这时，我完全被好奇心冲昏了头脑，全然没有考虑可能的后果，脱口就问。想象一下，你遇到这种情况可能会怎么做。）

我（急切地问道）：那您做了什么？

COO：……可惜的是，我当时什么都没做……

（接下来，对话暂停了好大一会儿。我想 CEO、COO 和苏都洞察到了同一点：这家企业的两位最高管理者抱怨下属刻板，并请外人来帮助他们"改变文化"，但他们早前却没有认识到，正是自己的被动、消极纵容了他们正在抱怨的"文化行为"。这让我想起了那句老话，"种瓜得瓜，种豆得豆"。）

那天早上，我们利用接下来的时间，一起列出了所有可以采取的行动，这些行动会给组织释放明确的信号：是时候改变行为了。我推荐他们读读我的书《组织文化与领导力》（2010 年第 4 版），其中有一整章都在讨论管理者可以如何影响文化。此时，我自如地扮演起了"医生"角色并给出了一些建议。我们一致认为，接下来我唯一需要做的就是，每隔几周电话跟进一下他们的进展情况。在随后的几个月中，CEO 经常和我通电话，偶尔也会给我发邮件，介绍他们接下来想采取的行动并寻求我的反馈。我按照时间收费，并在必要时给出进一步的建议。我没有正式拜访或者发起任何正式的文化变革项目，因为这些都没有必要。我帮助他们认识到，他们可以依靠自己的力量妥善地管理文化变革。

经验教训

- 贝塔电力公司得到的帮助与我所做的事情之间并无逻辑关系，因为我没有对他们的问题进行诊断、分析，也没有给出解决方案。我不知道自己一时冲动的提问能重构他们的问题，使之变成他们自己可以独立解决的问题。我没有问"您对此有什么感受""您认为他们为何总是各自坐回原来的座位"等类似的诊断性问题，相反，我顺从了自己的好奇心。他们也很高兴，没有经历针对复杂变革项目的复杂的诊断流程就能够有所改进。真正的问题不是古板的文化，而是管理者行为上的缺失。在这个案例中，他们提到的问题可能要花几个月才能厘清，但问题一旦真正暴露出来，我们就可以立刻采取适应性行动。

- 我最重要的"干预"是邀请他们来我家并请他们给我"举例"，以此将关系个人化，并对情况有了更为具体的了解。驱使我这么做的正是一颗充满好奇与尽心帮助的心。

- 直接聚焦"文化"容易让人迷失方向，而聚焦客户自身的行为则会让客户的真实意图浮现出来。不想分析公司的文化，只想改变文化。分析文化会浪费时间，而且可能让他们偏离立即解决问题的方向，这也是他们首先选择求助于咨询顾问的初衷。

混乱复杂性与快速帮助的矛盾

这个案例让我懂得，帮助是可以快速见效的。但前提是你需要顺从自己的好奇心，找到客户心中真正所想。在诸如前面提到的医学院及其附属医院这类混乱复杂的场景中，帮助可能无法快速见效，但适应性行动还是有帮助的。在与我长期保持联系的各类组织中也会出现类似的复杂问题，和眼前的难题一样，只有开始实施适应性行动，才能透过表面的乱象，揭示出更深层次的问题。例如：

- 我与数字设备公司（DEC）断断续续合作了30年，其间主要帮助创始人肯·奥尔森实施他的想法，同时协助该公司的很多高管处理日常运营工作。有一些帮助能够很快见效，这是大家有目共睹的，但同时我也感到很遗憾，一些十分必要的帮助没有提供给他们。

- 我与康迪生（ConEdison）公司合作10余年，这家公用设施公司为大纽约地区提供电力、燃气及蒸汽。为避免对公众和公司员工带来致命性危害，他们小心谨慎地持续维护着所运营的陈旧系统。即使季节或天气变化，他们也全力保持清洁、安全的环境。由于10年甚至更久以前发生了一些事故，公众、监管者及环保监察者对公司缺乏信任。我与该公司的高管及环境、健康与安全保障副总裁一起，就在这种复杂的、有组织的、高技术的环境中，竭力维持其安全性。相似的场景也在太平洋燃气与电力公司上演，复杂性不相上下。

- 我曾以咨询委员会成员的身份与美国核电运营研究所（Institute of Nuclear Power Operations，INPO）有过五年的合作，主要负责协助该协会评估美国的104家核电厂并提供援助，期间就曾遇到过与上述非常相似的问题。电力公司的工厂组成很复杂,既有煤电厂也有核电厂。面对不同的技术、经济及行政要求,如何帮助众多工厂在诸多不同的情境下维持绝对安全的环境成了 INPO 的难题。一边是核电厂技术的快速更迭,一边是美国"核海军之父"里科弗海军上将所在的核潜艇组织迎来退休潮,大量技术人才流失。核安全属于国家高度管控的领域,这就造成了一种非常矛盾的现实情况:法律、技术及政府部门的要求经常阻碍公开、信任关系的建立,但这种公开、信任的关系又是建设"安全文化"必不可少的。

- 我与瑞士 – 德国化学公司汽巴 – 嘉基(Ciba-Geigy)公司合作了五年。在处理各种战略和运营问题期间,我积累了一些关于组织与国家文化方面的宝贵经验,也遇到过很多复杂混乱的情况,其中一些在汽巴 – 嘉基与山德士合并成为诺华制药之后得到了解决。疾病源头的基础性研究与开发治疗或至少缓解症状的药物的应用性研究间剑拔弩张,是该公司和另一家制药公司面临的一个棘手问题。

- 在不同国家的各自规则体系下,协调疾病病因的基础性研究与治疗型药物的应用性研究会导致不同国家对值得信赖的"好研究"存在认知差别。基础研究者、应用研究者、医务工作者和管理者能否找到共同的目标并为之努力,不同职业的文化差异是否过大?

- 我曾经是马萨诸塞州奥杜邦协会的董事会成员,该协会为新英格兰地区土地保护与环境的主要管理机构。在六年的任期内,每当根本性战略问题与当地社区价值观、法律问题、资金匮乏及组织有限的工作能力出现冲突时,我就会遇到一些最为有趣的咨询挑战。例如,在科德角附近水域建造风力发电站有利于节约能源,却也可能对鸟禽鱼类带来潜在危害,鉴于此,是否应支持该项目?

我近期遇到的问题反映出,不同部门之间、不同职能之间、不同文化单元之间的协作日趋复杂。例如,一位 CEO 希望优化研究人员的招聘流程以解决以下"问题":核心研究人员还在苦等研究经费时,他们就敦促人力资源部门发布相应研究岗位的招聘广告,这就导致招聘承诺可能会因研究经费没有到位而无法兑现，让企业陷入难堪的境地，甚至被起诉。

一家在全国各地设有分支机构的医院想要将一些医疗流程标准化，却遭到几家区域性分支机构的明确拒绝。这是因为，这几家区域性机构已经形成了它们自己的鲜明文化，而且坚信自己的本地流程更优。

一家专注于莎士比亚剧目的剧院过去很成功，但现在市场需求发生了变化，观众希望看到更多现代剧目。与此同时，剧院经营资金所剩无几。现在的问题是管理层不想创新，也不知道如何创新。

在这些案例中我想表达的是，当我们面对求助时，探寻问题的本质并找到解决方案，这个过程是复杂的和不确定的。有时最为快捷有效的帮助就是让客户理解问题的复杂性，认识到必须以微小的适应性行动代替大型的诊断及干预。

问题日益复杂的原因

在我看来，多种力量的共同作用是导致问题日益复杂的原因。

1. 所有需要协作的技术领域都变得更为复杂。这意味着，这些领域的专业人员很可能会创造出一种职业文化，让他们自己变得与众不同，同时获得专业领域的更多福利。

2. 需要沟通协作的团队不仅在职业上更加多样化，而且经常涵盖不同的民族文化。这些民族文化拥有不同的语言，对事物的认知和判断也截然不同。

3. 组织内部表现出的职业多样化和国籍多元化使得组织更难就目标达成共识。我们都知道，解决问题最"简单"的方式是让所有人达成共识——把所有"领导"召集在一起，就人人相关且支持的某个目标达成一致。遗憾的是，"让相应的人员聚集在一起"通常是这种最"简单"的方式中最难实现的环节，而且即使我们能做到这一点，鉴于不同隐含文化思维与目标间的巨大差异，也不能保证他们愿意达成某种共识。我们所推崇的各种令人惊叹的组织发展工具，诸如团队建设、情境规划、未来探索、欣赏式探询、精益生产体系以及快速原型法，都倾向于假设，那些必须同意协作的人员可以聚在一起交流，甚至达成某种共识。

4. 没有足够的时间，或者至少我们是这样认为的。事物瞬息万变，以至于没有足够的时间建立信任关系、认识彼此，甚至连一起吃饭或休闲娱乐的时间也没有。两种文化的交互需要时间，三种或更多种文化的交互更需要时间。如果我们可以找到某个可参照的原型并让人们相互沟通，那么我们就可以加快融合的进程，然而问题是我们往往找错了"参照原型"。

5. 需要解决的问题是变化的。这类问题有两个新的不同点：一是它们没有技术性的解决方案；二是在不稳定的环境下这类问题常常和基本战略和结构性问题深刻交织在一起。在不稳定的环境中，当组织尝试在时段 1 内为特定情境建构意义时，种种干预会产生未知的影响，从而在时段 2 内改变问题的性质，引发新一轮的意义建构。

6. 最后，"客户"的概念也会产生变化。这是因为我接触到的诸多个体或团体会把自己视为系统的一部分，而不是独立的客户。例如，我辅导的可能是一个担任关键角色的管理者，然而，很显然困扰这个管理者的问题同样也会影响组织中的其他人，因此问题一定是系统性的，并且任何"适应性行动"都必须考虑系统性的影响，然而我们可能无法预知这种影响。

新模型的必要性

我们正面临新的问题、复杂的新客户系统、客户全新的紧迫感，因此我们需要一种新的咨询模型。这个模型"长什么样"呢？谦逊的咨询将在你不知所措的时候告诉你思考的方向和应有的姿态。这是一种态度，也是对客户关系的另一种思考方式。谦逊的咨询假设，作为咨询顾问的你致力于帮助客户，拥有强烈而真诚的好奇心，同时具备恰当的关心态度，愿意探求客户的真实想法。然后你秉承建立开放、互信关系的态度与潜在客户进行初次接触，你会明白，这种更个人化的关系不仅能帮你了解客户的真实想法，而且能帮你探索是否能以传统的专家或医生的角色提供帮助。但事实是，你会发现，建立关系的过程本身所触发的行为可能给客户带来立竿见影的帮助。在这种情况下，你的决策和应对势必会是从小处着手的适应性行动，而非声势浩大的诊断和干预。

这种关系建立过程的实质将超越保持职业距离的规范性。咨询顾问或客户必须通过提问私人问题或介绍个人信息来实现关系建立过程的私人化。咨询顾问也要展现出自己感性的一面。至于要问什么问题或展示哪些信息将取决于当下的情景以及咨询双方，不过尽心帮助、好奇心和对客户的关心将始终指引着你的咨询。

谦逊的咨询在很多方面都不同于以往。在下一章，我们会做更详细的阐述。

第 2 章
CHAPTER 2

谦逊的咨询创新之处

　　谦逊的咨询在很多方面做了创新。本章我们将简要回顾这个模型中的要素,并辅以我自己的实践案例更细致地阐述每个新要素。我主要将这个模型用于咨询,但这个模型也可以用于其他形式的帮助,比如教练、心理咨询以及更广泛的组织发展项目。

谦逊的咨询要求与客户建立新的个人关系

　　正如我在前面提到的,咨询顾问应该与客户建立一种"关系",但是我从未明确其具体含义及关系类型。在处理较混乱的难题和尝试了解客户的想法及担忧时,我发现大多数咨询模型倡导的正式又职业的工作关系对此没有太大帮助。我不得不突破"职业距离"而发展出更个人化、更令人信任也更开放的关系,我称之为"2级关系"。

我在 2009 年出版的《恰到好处的帮助》一书中已经指出,在我们的文化⊖中寻求帮助本身就是困难的,前来寻求帮助的客户可能会感觉到自己"已经矮了一截",因此在第一次和咨询顾问接触时他们不会非常开放或信任对方。而在新咨询角色中,咨询顾问必须想办法在第一次和客户接触时就做到个人化,使得客户相信其值得信赖,并且可以安全地对其敞开心扉。第 3 章将详细阐述我所说的"关系"以及 2 级关系的含义。

建立这样的关系要从第一次接触开始,这意味着咨询顾问从第一次见面起就必须采用完全不同的行为。

谦逊的咨询要求在首次接触时便采用新行为

不管客户一开始如何表现,要建立新关系都需要咨询顾问采用帮助的态度,从与潜在客户接触那一刻开始,无论是通过电话、邮件还是共进午餐展开的对话,都尽量将其个人化。我的目的并不是刺探、诊断或者推进与客户的合作签约,

---

⊖ 这里"我们的文化"指传统的美国文化。——译者注

而是尽我所能地帮助他们。如果我对听到的内容完全不感兴趣，或者客户要求我做一些我不能或不愿意做的事情，我就必须坦诚地沟通这一点，并且注意依然以帮助的态度来沟通。

当客户想要我推荐或帮他们开展一些特殊的"文化调研"，或者做一些不太考虑后果的事情时，困境便经常接踵而至。我本可以直接拒绝，但是这对他们没有什么帮助。要帮助客户，并发挥谦逊的咨询的精神，我更愿意说"你可以多讲一讲你的想法""为什么你想要做文化调研""你想要解决什么问题呢"，等等。这就要求我们在第一次接触时就采取新的态度和行为。

谦逊的咨询要求谦逊、尽心帮助和好奇的新态度

这种新态度的本质是不论面对复杂问题还是客户关系，始终保持谦逊。因为我的目的是帮助客户解决问题，而不是接管问题，自己解决。我要做的是尊重并理解面对难题的客户，专注于客户和现状，而不是兜售自己，凸显自己的技巧和洞见。真诚地尽心帮助客户，关心客户及现状，是对这一新态度的最佳表达。而为了从一开始就让客户感知到我的这种态度，我需要对客户保持发自内心的好奇心。因为坦诚率

性的好奇心最能让客户感知到被关注和被关心。这种态度可以用 3C 来描述：尽心帮助（Commitment to Helping）、关心客户（Caring for the Client）以及最重要的好奇心（Curiosity）。此外，这种新态度也需要匹配一些新技能。

谦逊的咨询要求新的聆听及反馈技能

最重要的新技能是以一种全然不同的方式聆听。尽管市面上已经有种种提升聆听技能的书籍和课程，但我发现要进行谦逊的咨询，还需要学习一种新的聆听技能，只有这样我才能知道如何反馈。我需要培养两种同理心：一是聆听并对客户描述的现实情境或问题保持好奇；二是在聆听客户解释问题或情境时，对他真正的烦恼产生好奇。例如，一个潜在客户打来电话咨询我："我很担心员工的敬业度，你能帮助我建立敬业文化吗？"第一种同理心可能会驱使我请对方举出一些例子，试图探寻对方说的"敬业度"和"文化"指什么。第二种同理心则会驱使我问对方，"你关心的是什么，为什么你担忧这个问题呢"。

我们可以同时带着两种同理心聆听，但是有时我们必须做出选择，是对问题保持好奇，还是对来电的客户保持好奇。

不论如何，我们都必须知道有很多提问和反馈的方式可供我们选择，而我们选择的不同提问和反馈方式又将对咨询结果产生截然不同的影响。同样地，我们也可以通过选择所提出的问题、所揭示的个人信息来决定个人化的程度。与客户接触之初所需要做出的这一系列决定，都会在本书的第4章重点分析。

所有这些要点的共同之处在于将关系个人化。个人化关系会改变咨询顾问/帮助者的基本角色，因此我们必须更深入地研究它。

谦逊的咨询要求咨询顾问以一种全新的"个人角色"参与

"咨询"一词传统上意味着"以专家/医生的身份帮助他人"，他们提供专家信息、服务、诊断、建议并开出处方，同时，也保持着职业的距离。尽管这个角色在处理已明确定义的技术问题时仍然可以发挥作用，但是由于现在的"问题"无法被清晰定义，帮助者很难知道做些什么才是真正对解决问题有帮助的，因此这种专家角色的帮助作用已越来越小。

在谦逊的咨询模型中，咨询顾问的首要目标是帮助客户找出或者理解他们自身的困扰，他们究竟有什么顾虑。咨询顾问必须成为客户的搭档和帮手，从第一次问讯时就开始了解客户的现状和担忧。例如，最近我与一个由五个组织合并而成的组织的领导者团队进行视频咨询，我被问到这五个团队如何才能够互相协作，共同打造一个市场营销项目，以便让社区了解他们合并后的新服务内容。我没有建议五个团队做一些团队建设之类的事情，而是一直在问这些服务是什么（了解背景和修正认知），为什么他们要合并，以及他们发起这个市场营销项目时遇到了什么障碍。在这个过程中，我慢慢地意识到困扰他们的问题不在于他们要找到一个共同的团队基础，而在于他们担忧每个团队可能会丧失其独特的技能。因此甚至在第一次通话时，我们就开始探讨他们第一步能够采取哪些适应性行动。大家探讨出的适应性行动就是去观察彼此的实际工作情况，学习每个团队的独特技能并了解这些独特技能如何与社区的需要相匹配。他们其实不需要共同发起一个市场营销项目，而应首先在更基础和更个人化的层面去了解彼此。

咨询顾问如果想从客户那里获取真实信息并且有效处理这些信息，就要和客户一起在更加个人的层面上也就是2级关系层面上工作。第5章将更加详细地分析如何实现个人化。

要做到这一点，咨询顾问必须具备一些看起来自相矛盾的能力，既要对于客户及所处场景有同理心，同时又不能陷入具体内容的"泥沼"，并且还必须关注客户和咨询顾问之间各种各样的互动过程。第 6 章将集中介绍各种不同的过程选择。

最后，要处理好新的复杂、混乱的问题需要咨询顾问做出全新的创造性的反馈。

谦逊的咨询鼓励咨询顾问基于开放、真实、创新性，尝试更广泛的咨询行为

我应该基于什么采取行动？我应该基于什么去回应客户的对话？我是否应该坚持谦逊的问讯？我能将自己的想法脱口而出吗？如果我认为自己知道答案，我能给出建议吗？我能指出某个项目可能对我有哪些好处，以及它和我的技能匹配情况吗？我需要了解客户的问题与我个人技能的匹配程度，还是保持好奇心，静观其变？答案可能是"任意一个"或"不确定"，完全取决于当时的情境。如果我的目标是建立开放、信任的关系，那我就必须保持真诚。如果我看到事情没有什么意义，或者要我去做一些我不愿意做的事情，我就要如实说出来并做出解释，因为在我的解释中，我可能会提及一些

客户没有想到过的问题，而这也是一种帮助。正如我们接下来会在几个案例中看到的那样，正是我不愿意执行客户的要求，反而为他们带来了真正的帮助。

所有这些，创新体现在哪里？我一直提到的适应性行动只是给"干预"换了一个新名字吗？如果对话的最后的确得出了应该这么做的结论，那么适应性行动就等于标准的干预措施。但是我经常发现，适应性行动通常更快见效，而且经常是反直觉的。如果我们更换了对话的参与者以及事件的解读者，对话的本质也从问题解决、讨论/辩论转变为真诚交谈，人们就会自然地想出新的适应性行动。我们尤其要记住，"行动"并不必然是计划的一部分，它也可以只是当下的一个动作。

谦逊的咨询模型更像即兴表演戏剧或者爵士乐团，而不是正式的剧本、规则或者标准化的指南和检查清单，其中很重要的一部分是它将对话从讨论/辩论改为围炉谈话。

如果问答变成对话，谦逊的咨询将最为有效

2级关系的建立，有可能开创一种全新的、截然不同于传统咨询模型的对话方式：顾问和客户能够放弃典型的以目

标为导向的、竞争性的或解决问题的讨论，避免受到时间压力和有限对话模式的限制；他们能够接受彼此都不确定谈话的方向以及可能采用何种适应性行动的现实，进入一种对话式的共同探索模式。让合适的人参与到对复杂问题的探讨中，可能是未来有效帮助的最佳模式。

如何有逻辑地将新元素整合在一起

当我回顾这些年来我经手的诸多案例时，我意识到新模型的精髓已经在很多经历中体现得非常明显，现在我必须将它们整合并描述出来。这个新模型并没有告诉我们具体的做法，但它为我们提供了思考的方向，包括了解客户所处的情境、真正对客户有所帮助需要具备什么态度和技能。因为我对问题的复杂性以及客户在解决问题的过程中所面临的困难充满敬畏，所以我称之为谦逊的咨询。

我还意识到这些新元素之间有其内在的逻辑关系，下面10条工作提议可以很好地体现这一点。

1. 真正的帮助需要对问题的本质进行定位，即客户究竟在担心什么。

2. 要定位客户的顾虑与诉求，就要在客户和帮助者之间建立开放、信任的关系。

3. 要促进开放、信任的沟通,就需要超越大多数咨询场景中的 1 级专业关系,建立起 2 级工作关系。

4. 要建立 2 级工作关系,就需要在一定程度上将关系个人化。

5. 要将关系个人化,就需要谦逊的问讯,即询问更多个人问题,或透露更多个人想法或感受。

6. 要建立 2 级关系,就需要咨询顾问在与客户首次接触时就传达这种意愿。

7. 一旦建立起 2 级工作关系,咨询顾问和客户就必须共同参与到对话式探索过程中,以更好地理解客户的痛点。

8. 咨询顾问和客户双方都需要进行仔细评估,是否存在多个疑难问题,单一解决方案能否奏效。

9. 咨询顾问和客户必须共同制订行动方案并确定优先次序。

10. 如果问题简单且清楚,那么帮助者应该进入专家或医生模式,也可以向客户推荐专家或医生;如果问题复杂又混乱,客户和帮助者则需要通过对话找出下一步可行的适应性行动。尽管这未必能解决问题,但至少能稳定局面,同时也会向我们揭示一些新的信息,为确定下一步适应性行动打下基础。

由于咨询顾问无法获得足够多的关于客户个人情况和组织文化的信息，并且客户也不知晓特定的干预措施如调研或其他诊断工具所带来的全部后果，因此适应性行动必须由咨询顾问和客户共同决定。咨询顾问的重要职责之一就是了解这些适应性行动（如诊断性面谈、调研等）的影响后果，并向客户充分说明，帮助客户确认是否已经为这些行动做好了充分的准备。

什么是真正的帮助

我认为帮助是与客户一起，为他们做一些他们自己做不到的事情。我所做的是否真正帮助到了客户，最终只能由客户做出判断。如果我自认为对客户有所帮助，但是客户并不这样认为，那么我实际上并没有帮助到他。按照这个标准，怎样算是真正提供了帮助？在我所说的那种复杂、混乱的情境中，无论是客户还是我自己都必须持续不断地评估我是否提供了帮助。有时我还没有察觉到，客户就看到了可以改善目前境况的方法，或者对于接下来要采取的适应性行动有了清晰的认识；有时候客户还未发现，但我已找到了一些可以改善的方法。这些情况下我们都会认为咨询顾问对客户已经有所帮助了。

客户和我会认识到，如果我能使他们看到问题真正的复杂性及混乱性，并帮助他们放下寻找捷径的急切之心，或放弃未经充分思考的本能反应，这就是真正帮上忙的第一步了。除此以外，真正的帮助也可能是我们推演出了合适的适应性行动，该行动能够处理我帮助他们识别出的真正问题。

谦逊的咨询可以更快地提供真正的帮助吗

谦逊的咨询怎样能更快地提供真正的帮助，这个问题在某种程度上是合乎逻辑的，但在某种程度上又是自相矛盾的。合乎逻辑是指谦逊的咨询就是更快的，因为我从一开始就只需要对复杂情况有足够的了解，即可确定下一步适应性行动，我并不需要为整个问题提供完整的解决方案。自相矛盾是指，下一步适应性行动往往是真正的帮助。一旦我们谦逊地认识到问题的复杂性和不稳定性，我们就应该让自己仅仅聚焦于下一步要采取的行动，而无须忧虑未来将要采取的全部行动。

然而，要想真正有帮助，适应性行动必须在文化上行得通。因此，对于文化可行性和适配性的探索应该更快地进行。

咨询顾问与客户及系统内其他成员建立个人关系，并和他们一起弄清楚现状，共同决定需要采取的行动，往往要比让外部人员通过收集和分析数据参与诊断的方式快得多。至于文化，我还了解到让客户自己（在我的协助下）对企业文化进行挖掘和探索，不仅更快，而且更有效，也更容易被他们接受。咨询顾问对客户最大的帮助，就是让客户认识到他们的文化的深度和复杂性，以及简单的文化诊断和"文化变革办法"并不一定可行。

谦逊的咨询将成为一种新的领导技能

随着工作环境变得更加复杂，所有的领导者及管理者都时不时地需要变身为上级、下属以及同僚的帮助者。于是他们会发现，保持专业距离极不利于团队合作。他们也将需要学习如何建立更个人化的关系，特别是和下属建立个人化的关系来获得信息，帮助下属提升工作完成的质量和可靠性。

我震惊地发现跨层级和职能的沟通经常会出现问题。员工有时候会掩盖影响安全或工作质量的重要信息，撒谎说一切正常，其实事实并非如此。虽然经理一再保证说自己是个很好的聆听者，很关注沟通，但是在访谈他们的下属后我发现，下属表示曾试图向上沟通，但遭遇了上级的冷漠和不耐烦，甚至听到上级说出"不要带着没有解决方案的问题来找我"这种"经典名言"。

我也了解到，经理们认为只要他们清楚地告诉下属做什么以及怎样做，他们的工作就完成了。他们似乎没有意识到，自己应该营造一种氛围，让下属能坦然地表示自己没有理解或不认同上司的看法，或者有坏消息要报告。当复杂问题出现时，经理有责任和员工一起找出问题的本质及解决问题的方法。如果员工连对提出问题都感到不安，那么即使经理能聆听，甚至是有同理心地聆听也是不够的。

随着工作越来越复杂，领导者和下属也需要想办法将彼此之间的关系个人化，从而促进更信任和更开放的沟通。显然，这已经在手术团队和其他高度相互依赖的工作团队中得到了印证。未来的挑战在于——领导者和管理者在和下属打交道时，能够学会变身为谦逊的咨询顾问吗？

总之，本书主要面向咨询顾问、教练以及其他帮助者。但当父母、领导者及团队成员需要建立更个人化的帮助关系以便更好地处理复杂混乱问题时，本书的内容也一样适用。

第 3 章
CHAPTER 3

建立信任、开放的 2 级关系的必要性

简短的文化分析之旅有助于我们充分理解谦逊的咨询模型的与众不同之处。下面我们将首先从什么是关系开始,然后界定在每个社会中或多或少有迹可循的四种关系。本章将主要阐述对于谦逊的咨询非常关键的 2 级关系。

什么是关系,信任和开放意味着什么

我们经常使用"关系""信任""开放"这些词,仿佛每个人都理所当然地理解它们的含义。然而,当我们请一些人给这三个词下定义时,对方要么是一副茫然的神情,要么露出好像我们是智障的轻蔑表情,要么就是给出一些不知所云、说法难以统一的定义。

第3章 建立信任、开放的2级关系的必要性

除了上述这些词,我们在字典或其他书籍中还会查到诸如关联、互相依赖或者联结等同样模糊的词。这些词都过于抽象,在不同文化及情境中具有不同的含义。为了理解谦逊的咨询,我们需要结合尝试切实帮助他人解决复杂问题的情境,去探索这些词的含义。

关系指的是人们基于过去的互动,对彼此未来行为的一系列相互期望。

如果我能够或多或少地预测到你的行为,你也能在一定程度上预测到我的行为,则说明我们彼此之间存有关系。在浅层次关系中,人们可能只能模糊地感知到对方将采取的行为。在非常深厚的关系中,我们知道彼此的想法、感受以及看重的事物。在浅层次关系中,我只是相信你不会伤害我,不会对我撒谎。在良好的工作关系中,我能够信赖你做出的承诺,并相信你会履行承诺,也能在沟通中预知你的开放和可靠程度。当有人说我们有"良好的关系"时,这意味着我们在相处的时候彼此感到舒适,这种舒适建立在我们知道彼此会如何反应、我们都在朝着共同的目标努力的基础上。这种舒适就是我们通常所说的"信任"。

关系是一个交互概念,因此必须从社会学的交互视角来进行分析。一方说"我觉得我和你之间有联结(关系)",如果

另一方并没有感知到这一联结,那是不足以构成关系的。单相思不是一种关系,但是泛泛之交的友谊是一种关系。如果我信任我的老板,但是他不信任我,那就不构成一种关系。如果我对我的老板很开放,但是他不对我开放,那也不构成一种关系。

为了使关系得以正常维系,双方的期待在一定程度上必须是对等的。这种对等经历了时间的考验,经历了许许多多对关系深浅的来回试探。在建立关系的过程中,如果我们没有一系列的你来我往的交互过程以验证彼此对对方的观察,我们就没有办法决定要在多大程度上信任别人,也无法判断在相处中对方会开放到什么程度。

当我们言及一段关系或深或浅时,我们默认关系维度存在两极:一个极端是双方都没有感情投入,彼此可预测度极低;另一个极端是双方都投入了非常浓烈的感情,能对对方做出很多预测。这一点非常关键,当我们讨论建立关系这个话题时,我们必须认识到关系双方最终要对建立关系承担共同责任,以及建立关系的过程是由一系列的互动组成的,在每次交互后双方都会暗暗衡量关系的深浅。

双方互动后彼此感觉到的舒适度共同决定了这段关系的深度。如果其中一方"不愿意再进一步了",或者做了一些不符合预期、令人无法接受的事情，那么双方都能敏感地觉察到，于是关系随之"愈行愈远"或者"走向失败"。当我们试图给予对方真正的帮助时，考虑目前彼此之间的信任和开放程度很有必要。

文化背景下的关系、信任和开放层次

所有社会都会通过头衔、地位或社会关系网等对公民进行分级，如表3-1所示，从这些关系层次中我们可以看到建立谦逊的咨询所必需的2级工作关系。

表3-1 关系中的信任和开放层次

−1级：消极的对立关系
示例：囚犯、战俘、奴隶、精神病患者、罪犯/骗子的受害者
1级：认可的、礼貌的、交易性及职业性角色关系
示例：街上的陌生人、火车或飞机上的邻座、服务人员、医生、律师等专业人员
注释：我们互相并不认识或了解，但是视彼此为同伴，在一定程度上相信对方不会伤害我们，在谈话中也会有礼貌地保持适度的开放。医生、律师等专业工作者因为工作要求需要保持"职业距离"，他们也被归为此类
2级：认可彼此都是独特的个体
示例：我们认识的个人、同事、客户、老板或下属，我们通过共同的工作、教育经历认识他们，但彼此不亲密
注释：这种关系的信任和开放程度更深一层，主要体现为，①彼此做出承诺并且遵守承诺；②彼此都同意，不应破坏双方共同的努力；③彼此都认为不应互相撒谎，或者隐瞒与工作相关的信息

(续)

3级：亲密的朋友、爱人和亲人
示例：有强烈积极情感的关系
注释：亲密意味着更开放，不仅不伤害，而且在对方需要时会给予积极的支持。人们通常认为在工作和帮助场景中不适合出现这种关系

-1级：负向关系

这层关系一般只出现在一些不把对方当人看的特殊场景中，比如奴隶和奴隶主。令人难过的是，有时候在医院或疗养院内，看护者与精神病人或老年人之间也会出现这种关系。在组织内，我们很少会看到这种压榨剥削或者冷漠无情，但是有时候，很不幸，在有些国家的血汗工厂里，一些管理者认为只是雇用了员工的"双手"，因而一些员工会把他们所处的工作环境描述为"非人的"。

1级：交易性、官僚化以及职业关系

在大多数人眼中，我们和陌生人之间一般就是这种关系。而我们所没有意识到的是，我们与陌生人交互时所感受到的心理和社会距离，实际上包含了相当程度的开放和信任，它

第3章 建立信任、开放的2级关系的必要性

们产生于社会对举止文明、行为得体以及政治正确的要求，而这些也构成了商业活动开展的基础规则。当我们需要各种各样的服务时，当我们在组织中投身于各种管理关系，以及与某种角色相关的"职业"关系时，在这些各式各样的关系中，我们对彼此都抱有很大的期待。

作为文明社会的成员，我们至少承认彼此都是人类同胞。哪怕我们彼此不认识，我们也希望对方能意识到我们的存在。1级关系一般是不那么个人化的，相应地，投入的感情也较少。这种关系是基于共识的常规交易关系。我给你一些东西，你说谢谢；你问我一个问题，我知道我应该回复。大家会自动自发地遵循默认的规则，除非默认的规则被打破——对方的回应很不礼貌或对方"反应过于激烈"。

很多时候的帮助行为都属于1级关系，比如当我们需要各种服务人员帮忙建造、保养和修补时，当我们需要销售员的帮助时，当我们向陌生人问路或者请他们帮忙处理日常事务时。在所有这些情境中，我们表现出的就是我所称的"1级信任"，即在这样的关系里，我们预期的是文明的行为，我们相信自己不会被利用，而会获得帮助。我们也希望表现出"1级开放"，也就是依据需求进行的沟通将是准确而有帮助的。我们知道这些期望和相关的行为规则在不同情境和角色下表

现不同，取决于我们的角色需求。是向陌生人问路，还是与维修工人、商人以及会计打交道以获得他们的服务？当我们与所谓的专业服务者如医生、律师、官员，以及官方认可的社会服务机构人员如社会工作者、咨询师、精神科医生打交道时，1级关系会变得复杂。

职业距离和职业关系的不对等

在我们日常与专业人士打交道的过程中，一个主要问题是专业人士因拥有提供特殊帮助的资质（如教育、学识、技能以及执照）而处在某种特殊地位，而他们对此很是心安理得。在这种状态下，他们具备优势，也可以做到其帮助角色所要求的个人化，但是这种关系并不是对等的。你的医生可以问你个人化的问题，但是你却不能问医生同样的个人化问题。此外，即使你提供了很多个人化的信息，他们也必须以一种客观的、非个人化的态度来处理，仅仅将这些信息视为诊断和治疗相关的材料，而不是你个人的细节信息。

社会规则非常强调隐私保护，也大大强化了这种非个人化。如果一位女性病人对咨询师说她对他很有好感，专业主义会明确阻止诊疗师利用这一信息与她发展更亲密的关系。专业帮助者受到本专业规则和惯例所限，通常询问范围只局限于与其帮助领域相关的信息。泌尿科医生或皮肤科医生可能会知道一些非常个人化的信息，比如病人最近的性行为等，但是矫形医生或牙医不会认为自己有资格询问这种信息。当我们所遇到的只是技术层面的问题时，所有这些对大家都是有帮助的。然而，当咨询顾问涉及我之前描述的那种复杂混乱问题时，1级关系的作用就戛然而止了。

1级关系产生帮助的条件

只有当帮助者对问题做出了正确的诊断并提出了可行的有效方案时，1级专业关系才是有帮助的。反过来，这取决于客户是否正确地识别了问题，是否清晰地传达了问题，以及是否选择了一位能够解决此类问题的帮助者。我反复观察到的是，客户会因为在最初寻求帮助的时候认为自己不得不向人求助，而处于心理劣势地位，因此一开始不会对你充满信任，也不会很愿意开放自己，坦白心中的想法。只有在彼此互动之后，基于你对他所提请求做出的回应，他才有理由对你产生信任。当他忙于观察这段关系是否可以更加自我暴露时，他自己都不知道自己到底在想什么了。(Schein，2009)。

前来寻求帮助的客户可能会无意中"用内容诱惑你"，把对话引入你的专业领域，从而让你陶醉于自己的技巧和行程安排中。你可能感到很荣幸，也可能会因为有人愿意聘请你而松了一口气；你可能在想你急需的收入快要进账了，也可能在考虑完成这件事情需要花多少时间和精力；你可能在思考你是否需要为此出差，也可能在想这个电话是从哪里打过来的。当你沉浸在这些关于你自己和你的帮助者角色的关注中时，你可能忽略了两个重要的想法和感受：这是否让你对这个人产生了关心？这是否激起了你对这个人或这个问题的好奇心？

如果你过早地思考如何帮助客户，而没有充分地探寻问题的现状，你可能会落入陷阱，在错误的问题上白费力气。你不能想当然地认为，客户会信任你并开放地提供真实的信息供你诊断真正的问题所在，也不能假设他们真的会严格按照你所说的去开展实际行动。我们都知道即使在常规的医疗过程中，病人也有可能没有透露全部信息，或者因为忙于各种检测而没有来得及告诉医生实际的痛处，或者因为过于紧张而没有说出某些消息，又或者没有告知医生无法按照处方或特定疗程来服用药物。甚至他们知道医生不会对他们不遵医嘱的行为有多少同情，因此他们会撒谎说自己是遵照医嘱的。

因为1级专业关系鼓励非个人化以及礼貌，病人一般不会说"医生，我感觉这太草率了，你都没有关注我，所以我没法把我想说的都告诉你"。相反，病人更可能会感觉"我不喜欢这么匆忙,的确有很多事情我在回家后才想起来忘了告诉医生,但是医生好像已经收集了她需要的所有信息,那我就相信她的专业吧"。不幸的是,有时诊断的确会出错,医生开出的处方会造成一定的伤害,但病人也难辞其咎,因为他们自己也认为诊断过程应当简短高效。病人之所以会抱有这一观念,可能因为医生是按小时收费的,也可能因为他们相信医生有格外高超的诊断技巧。

不幸的是,大部分组织和管理咨询顾问的工作都遵循着1级关系的惯例和流程。咨询顾问走进公司,依据客户最初提供的信息开展工作,利用各种工具进行正式诊断,并提出正式的咨询建议。这些程序经常使得客户过于依赖于咨询顾问的诊断,以至于真正的问题从未浮出水面。等到客户大声说出心里话,"这很有意思,但不是我想要的。我学到了很多,但我看不出来你给的建议能派上什么用场",已经为时太晚。这就是1级关系里的假性帮助,它不能为复杂问题提供实质性的帮助。那么2级关系是什么呢?

2级个人关系

建立2级关系的本质是将客户从一个"案例"、一个需要保持职业距离的陌生人，转变为一个能与之建立更个人化关系的独特个体。谦逊的咨询的精髓，就是从建立关系的第一次接触开始，帮助者就要打开通向个人化的大门。换言之，客户和咨询顾问都用个人化的方式与彼此相处，而非仅仅将对方视为某个角色。

为了找出客户的真正想法，咨询顾问并不忙于开展1级关系中的探查、诊断以及分析，而是立即对客户及其情况表现出好奇和兴趣。咨询顾问从一开始就要建立个人关系，以增加识别问题的机会，避免陷入无用或者有害的诊断流程和干预中。我经常看到一些无用又危险的诊断流程，尤其是在文化创建和文化变革项目之中。某位经理请咨询顾问"创建团队合作文化"，或者"打造敬业文化"，或者"培养客户服务精神"，咨询顾问便为他们开发了一个项目。没有人认识到，除非团队创建者把自己的价值观强行注入这个团队中，否则没有人可以"创造"文化。而且，只有团队取得成功，其创建者的价值观才能被大家真正接纳，成为企业文化。咨询顾问在调研、诊断上可能花了大量的时间和金钱，但除非他能够找出经理真正的困扰，否则他提供的帮助是微不足道的。

在这一背景下，个人化指的是咨询顾问应该为客户提供能让其畅所欲言的对话氛围，鼓励客户说出自己的顾虑、真正想达成的目的，以及在现有文化中能采取的措施。谦逊的咨询并不是说所有事情都需要个人化，而是尽力去创造一种氛围，让客户能够对咨询顾问充满信任，从而说出他真正的困扰，直言其切实需要的帮助。

当然，2级关系是非常宽泛的，从我在这本书里提倡的更个人化的帮助到各种各样的友谊，甚至与1级关系中的专业人员（帮助者）建立的个人关系也都属于2级关系。当我与一位维修工人或销售员找到我们的共同兴趣，或者我们过去共同的经历时，这层正式关系中就有了个人化的2级关系元素。在提供帮助的情境下很难定义2级关系，我所倡导的个人化是围绕给予帮助和获得帮助这一共同目标而产生的。如果我在一趟长途飞行或一场消防演习中对一个陌生人有了更多个人化的了解，那么当他成为我的客户时，这些信息并不能为帮他解决问题这一共同目标提供多少帮助。也就是说，2级关系必须围绕帮助者和客户努力达成共同目标而建立。2级关系受到文化规则的限制，基于帮助和接受帮助的文化规则在不同情境下各自不同，对背景文化有所了解，能帮助我们明确在提供帮助的场景里"信任"和"开放"的含义。

2级关系中的信任和开放。我们确实在一定程度上对陌生人有1级关系的信任，那2级关系中的信任和开放与之有什么不同吗？1级关系的开放程度并不足以确保你可以依靠他人来获得与任务相关的真实信息，更重要的是，它不能保证人们愿意主动向你提供一些对顺利完成目标至关重要的信息。1级关系不能保证其他人会做出承诺并坚守承诺。在帮助关系中，我们需要让帮助者和客户都说真话、主动提供信息、做出承诺并坚守承诺。在2级关系中，当客户希望帮助者执行某种诊断流程或干预，并明确表示愿意为此支付费用时，如果帮助者对诊断流程或者干预怀有疑虑，她能真诚地表达出来。而如果客户对正在进行的帮助流程心存疑虑，那么帮助者也相信客户能够坦率直言。在2级关系中，帮助者会时不时真诚地询问："我们正在做的事情真的对你有帮助吗？"她相信客户也会诚实地回答。

任务或者目标导向的个人化。正如本书中的案例所示，客户或者帮助者想要个人化时，个人化经常受限于最初的假设：帮助者和客户都想要创建帮助关系。如果客户给我电话并询问我是否可以帮助他做一个文化调研，1级关系的回复可能是"当然，你想做些什么"。这个答复表明我愿意为他提供所需的专业服务。如果我是一个谦逊的咨询顾问并且想要让这段关系向着2级方向发展，更个人化，我可能会说"请你多说一说""为什么你想做一次文化调研呢""你有什么打算""你说的文化是指什么",或者"为什么你决定给我打这个电话"。

相应地,我也会透露自己的一些更个人化的信息。我会说:"根据我的经验,只有明确要解决什么问题之后,调研才会有效果。"这样坦率的回应既是一份邀请,也非常微妙地使客户进入了一段更加个人化的对话,这能让我们更快速地切入客户内心所想。

然而,值得注意的是咨询顾问所问的问题要与客户所说的情境相关。在这个情境中,我们不会问"你多大了"或者"你的家庭状况如何",这种问题适合的情境也许是相亲会上。个人化必须基于一个心照不宣的基本假设:这是一个寻求帮助的人和一个尝试提供帮助的人之间的一次会谈。在后面的章节中,我们将探讨对话如何随着关系的变化而变化。现在我想要明确的是,在2级关系中私人化的主要目的是建立信任,由信任带来开放,从而让咨询顾问能够结合所处的文化背景,顺利找出客户的真正想法。

如果客户接受了个人化的邀约,也以个人化的方式做出了回应,那么关系就进入了测试阶段。也就是说每次互动,我们都会在多一点还是少一点个人化中做出选择。但是很重要的一点是,对话要保持在任务导向的层面。我们的目的不是立刻成为朋友，但是在调研是否真的有帮助这一问题上，我们可能会变得高度开放和坦诚。我经历过一个案例，一位客户一直想要某种干预，而我不断地挑战她的观点。一段长谈后我们建立了信任，客户终于透露，原来是一位董事会成员要求她采取这一干预手段，尽管她自己也很怀疑，但她还是答应了。最终我们发现，客户真正的问题是她不知道如何与这位董事会成员相处，因此我们围绕这个话题转而做了一次很有帮助的辅导。

内容与过程。这也是一个需要考虑的重要问题：是应该围绕客户的问题展开个人化，还是应该围绕其提出问题的方式及过程展开个人化。我会对客户告诉我的内容或客户提出问题的过程感到非常好奇。比如，客户可能会说"我的组织内有敬业度的问题，因此我想做一次文化调研"。我可以用几种不同的方式回应，取决于我对哪些方面感到好奇。例如，我可能会问：①"你说的敬业度是指什么？"②"员工缺少敬业度，为什么让你担忧？"③"为什么你想要做一次调研？"④"为什么你选择这个时候给我打电话，发生什么事情了？"

我会探索三种不同的过程：客户的想法及问题解决过程，客户对如何推进进行的清晰思考，以及客户对咨询顾问的工作抱有哪些假设。如果客户真的想了解文化的本质，那么我会同意做一次调研，但是会引导他把个性化的调研与团队访谈结合起来。我的反应会让客户想知道为什么我想做团队访谈，有利于我们一起更好地决定接下来的行动。这里的关键是只有当我们已经建立了充分的2级关系，了解彼此的真实想法后，我们才能采取最后共同决策的流程。

总而言之，面对复杂、混乱的非技术性问题时，建立2级任务导向的关系是非常必要的，它能使双方建立足够的信任，使双方的真正动机、问题及关注点浮出水面。这一层次的个人化依然是聚焦于任务的，并且只在需要时才会深入。这并不意味着要如社会认为的亲密关系一样，必须有情感依恋或交换许多个人信息。事实上，我们通常认为与客户保持亲密关系并不可取。作为帮助者，我们必须知道，与客户建立3级关系有些过，而1级关系又不够，所以我们必须学会将关系个人化以达到最优的2级状态。

3级：亲密和情感依恋，友谊和爱

3级关系我们称之为"亲密关系"或"紧密关系"，它超越了2级关系的泛泛之交。3级关系投入的情感更多，它包含了2级关系的信任和开放，还意味着，在需要的时候关系双方会彼此支持，并积极表达对彼此的情感和爱。

我们在组织工作中要避免出现3级关系，因为它会导致拉帮结派、裙带关系以及某种程度上的偏心，这些都不利于完成工作。在商业和工作领域建立3级关系，也会被我们的文化视为"腐败"行为。治疗师不应该介入病人的私人生活，办公室恋情也被视作不恰当的举动。礼物和回扣都属于不正当的激励手段。这些明确个人化是否恰当的文化规则，也同样适用于帮助关系。

如果我们谈论的是3级亲密关系或友谊，那么确立其开放度的文化规则一般是，我们对他人表露个人化的情感、反应，通过观察他人是否也交换了自己的心声，以此校准自己被接纳的程度，从而在一次次的交流中逐步深化彼此的关系，变得更加个人化。我们会相互询问更多的私密问题，以此试探对方是乐意接受，还是感到被冒犯，从而了解彼此都感到舒适的亲密关系程度。

即使是亲密关系也有明确的界限和深浅之分。在成长过程中，我们耳濡目染的文化会成为开放度的指导原则和限制边界，我们也逐渐建立起自己的隐私意识——只与极亲密的朋友和家人分享。有时，我们会发现有一些特殊情况，像海豹突击队或陆军游骑兵，要求战士们相互知根知底，这是因为完成任务本身需要高度协作。

在定义关系层次时，我并不主张一开始就要边界很清晰，或者双方总是能预知对方会如何反应。建立2级关系的过程包含互相探索彼此个人化的边界，也就是一方调整开放度的同时，也通过对方的反应来确认关系，并找到让双方彼此信任、开放且真诚的相处状态。

总结

我们已经对四种有着不同程度信任和开放的关系做了探讨。这四种关系在极端情况下边界清晰，但是当我们定义"帮助关系"时，我们必须认识到在2级关系中，信任和开放的含义仍旧范围很广。谦逊的咨询顾问既要通过提问或自我披露建立更个人化的2级关系，同时也要避免1级关系中正式而职业的距离，或者3级关系中的私密问题和暴露隐私让客户感到被冒犯。要在过于正式和过于亲密的两极中找到平衡，而帮助者的大部分技能都体现于此。

尽管这几层关系之间的边界有时候模糊不清，但是建立2级关系依然是谦逊的咨询的原则，因为专业的1级关系并不能解决或改善复杂的人际问题，而3级关系在现代工作环境中又被视为在道德上越界了。如果谦逊的咨询顾问在 2 级关系中和客户一起探索并界定了问题的本质后，认定这是一个技术层面的问题并且有简单的解决办法，那么他们要么运用自己的技能解决问题，要么帮助客户找到合适的专家或医生来提供解决办法。如果问题仍旧很难界定，复杂、混乱且不断发生变化，那么谦逊的咨询顾问的作用就是持续帮助客户界定和实施适应性行动，改善境况。

案例展示

我对于谦逊的咨询的理解随着多年经验的积累不断深入。正是在那些忽视了关系的边界的案例中，我看到了不同层次的关系对结果的影响，有了一些洞察。

案例2 初衷虽好，帮助不大：工程部门访谈

我首先讲述这个案例，是因为它属于传统的咨询 1 级关系模型。在这个案例中我们可以观察到这个模型为何不能帮助客户，同时还浪费了组织大量的宝贵资源。我在麻省理工学院斯隆管理学院做助理教授之初，我的导师和上级道

第3章 建立信任、开放的2级关系的必要性

格·麦格雷戈问我和另一个同事："你们是否愿意帮隔壁公司提升工程运营能力？帮他们对工程师做访谈、分析问题，并把你们的发现总结出来，向公司的工程部主管汇报。"道格解释说这个要求由一位行政副总裁直接提出，流程已经设计好了。实际上这家公司雇用我们是去做组织的"医生"，将这个组织当成病人去检查、诊断并给出解决方案，他们也愿意为此支付酬劳。这是我第一次进入管理咨询领域。

工程部的行政秘书将会议室布置好，制订了访谈计划并通过备忘录告诉工程师们，我们将对他们进行访谈。我们花了大约一个月的时间完成访谈，仔细分析了全部的数据并形成了一份报告，指出哪些是有效的、哪些需要改进，以及工程师们对管理层的意见。在报告末尾，根据我们对于问题和改善方案的诊断，我们给出了几条建议。

我们和工程部主管进行了两个小时的面谈，向他展示了报告，并准备对如何提升他的部门运营做一份详细说明。但他查看了目录，找到关于管理层意见的部分，读了一些对他的管理风格的尖锐评论后，脸越拉越长，对我们表示感谢之后就终止了面谈。

后来，我们再也没有从他或别人那里听到什么消息，因此我们并不知晓最终我们是起到了帮助作用，还是根本没有

帮上忙，甚至伤害了他。我们已经完成了我们的工作，因此也没有再和道格讨论整个过程。然而我强烈地感觉到，在某种程度上这件事情"失败"了。

经验教训：我们的咨询模型"失败"在哪里

- 在现在的我看来，我们几乎在每一个方面都失败了。在正式访谈前，我们从未和行政副总裁或者工程部主管谈过，我们不了解他们的目标，他们设计这个流程背后的用意是什么。从开始到结束，对于我们而言，他们始终都是停留在1级关系的陌生人。更有甚者，我们从未和工程部主管讨论过我们的访谈会涉及的内容，也没有提醒过他，我们在报告中将会对他的管理风格进行评论，所以我们和他的反馈会议生硬、正式并且毫无成效也就不足为奇了。

- 我们匆忙进入访谈，不知道客户是什么样的人，不知道要处理什么问题，甚至不知道"改善"意味着什么。我们自大地认为自己绝对知道"改善"是什么意思。我们也没有与道格一同探究为什么他会把这个任务交给我们，他是如何考虑的。

- 我们完全专注于成为优秀的"科学家"，通过仔细的访谈做全面的诊断、细致的内容分析，并完整地总结出他们的可取之处、需改进之处以及接下来应采取的措施。当科学家"收集数据"时，我们从未想过管理者心中有什么想法，他们有哪些变革目标。工程部是没有生产力，还是没有足够的创造力？是存在士气问题，还是流失率太高？我们从不知道这个项目是如何与组织尝试解决的商业问题挂钩的。以"科学家"的视角看，我们认为这些与自己承接的角色都不相干。

- 我们幻想，全面的诊断和建议就能说明一切！这是我第一次认识到，仅仅从诊断的角度来观察一个系统是没有什么帮助的。就像人们可以从多个角度诊断人格一样，人们也可以从多个不同的角度诊断一个复杂的系统，仅仅为了诊断而诊断组织和文化没有什么实际的帮助作用。当然，从科学研究的角度来看可能特别"有趣"，但如果我们想要对组织有帮助，从实际的问题或者症结出发去诊断，帮助会更大。

- 总之，最大的教训是做收集数据的科学家和成为帮助者不是一回事。尽管某些诊断工具标榜自己有科学的可靠性和有效性，但它们或许能帮助科学家基于研究的目的"测量"组织，却无助于客户解决问题。多年后，我在一个高管发展项目中，对组织文化做了科学性的团体分析，这一认识就更加深刻了。我觉得我们做的事情太有意思了，但团队认为我们做的事情很无聊，而且不知道为什么我们要做这些。对他们而言，这些事情跟他们的工作没有什么关联，但对我而言，这些是研究数据。科学家和帮助者所做的是完全不同的事情。

案例3 与数字设备公司一起冒险

我与数字设备公司（DEC）的合作始于20世纪60年代，一直持续到90年代中期。这么多年以来我在DEC的帮助经历让我学到了很多，为我提供了大量的经验，最终它们汇集成了一本讲述这个组织成长与消亡的书（Schein，2003）。尽管我当时没有意识到，但这段早期的干预经历为我提供了至关重要的学习机会，最终产生了过程咨询这个概念，并为谦逊的咨询奠定了基础。

第一次会议和提议

我和 DEC 的关系源于我和文·亨德尔的 2 级关系。20 世纪 50 年代末,他在麻省理工学院工业联络办公室工作时,我们就相识。肯·奥尔森是 DEC 的联合创始人,文·亨德尔是他的助理。因为这个职位关系,有一天他给我打电话,询问我是否有兴趣和 DEC 合作做一些事情。我答应了,然后我们与肯一起开会"测试我们的化学反应"。当我去他的办公室和他见面时,我发现他是个不拘小节的人,身边满满的都是电脑纪念品和户外装备。他聊了很多关于他的皮划艇和各种户外活动,并且设法向我表明,他愿意让我来担任咨询顾问的原因与他对麻省理工学院及其教员普遍信任密切相关。

他提议我参加每周五下午召开的常规运营会议,"看看我是否能帮助团队改善沟通,让他们更顺畅地共事"。他没有明确地说具体是什么问题,只是解释说:"我们有大量的工程师,因此请一位社会心理学家来帮助我们可能会很有用。你看看是否可以帮帮我们。"在这次的开场谈话中,我几乎没有机会说什么或提问题,因为肯看起来已经想得很清楚了,并明确表示他并不准备知道我有什么想法。他告诉我,他的秘书将会给我更详细的时间和地点安排，然后就把我送走了。这时我们还只是在 1 级关系中，我不知道我能发现什么，以及这件事情会走向何方。对于一个年轻的教授或咨询顾问而言，"只需观察，看看是否帮得上忙"简直是天赐良机。而且公司总部位于马萨诸塞州梅纳德，距剑桥只有半个小时车程，我可以非常方便地参加周五的会议。

我有信心接受这个任务，因为我已经在缅因州贝瑟尔的人际关系实验室工作几个暑假了。这些基于库尔特·勒温理论的实验室成立于 20 世纪 50 年代，当时"体验式教育"是被广泛接受的概念。参与者和实验室职员一起为 T 小组（培训小组）营造适合团体学习和领导力发展的氛围。（Schein and Bennis，1965）

早期的团体干预

从我在贝瑟尔的经历来看，我以为我已经清楚一个好团队应有的样子了，但我还是无意识地以科学家的方式行事，认为我只需要分析和提出建议就能帮助他们"改善现状"。肯向团队介绍了我，用的还是那套泛泛的说辞，他说大部分时间我只是观察团队的工作并试着帮帮忙。由于有肯帮我背书，所以我认为在 1 级关系层面，我被团队接受了。我自然地承担起"团队医生"的职责,观察团队的行为、礼貌地倾听,以及尽可能多地了解这个组织。

在头一两次会议上我没有发言,但我发现这个团队虽然有提前制订的议程表,但是他们从未能完成议程表上的讨论事项,为此他们也很沮丧。往往会议时间已经所剩无几,重要的项目还没有开始讨论。在第三次会议上,我观察到氛围正逐渐紧绷起来,因此我决定问一个谦逊的问讯式的问题。

我:对不起,我可以问一个问题吗?这个议程表是从哪里来的?

(团队成员困惑地看着彼此。)

肯:我有一个行政秘书在准备这个……

(大家的表情更困惑了。)

肯:我们叫她进来吧,看看她是怎么准备的。

(肯的助手进来了。)

肯:玛吉,我们想知道你是怎么准备我们每周的议程表的。

玛吉:好,这些都是你们每个人在运营会议上告诉我的本周需要讨论的话题。我按照它们的先后顺序记录下来,就形成了你的会议议程表。有什么问题吗?你想要我调整一下吗?

（没有人立即发言，但是从房间内的氛围看，大家都感觉这种制订议程表的方式很不合理。肯接过话来了。）

肯：不，玛吉，这非常好，谢谢。

（玛吉走了，肯接着说。）

肯：我们的项目显然有不同的优先级，从下周开始我们先讨论玛吉的清单，我们先花5分钟看一下哪些是必须处理的紧急项目。

（大部分与会者都点了头，满意又解脱地松了一口气，他们知道未来的会议不会再令人如此沮丧了。更不用说，我对于自己因为无知无畏而帮助了团队亦感到无比自豪。直到多年后，我才意识到，这是一个完美的"过程帮助"案例：有策略、有技巧地利用自己的无知去识别可能存在的问题，谨慎地寻找合适的时机——在团队能够观察到并能自行决策如何采取措施时——抛出问题。）

一两周过去了，团队完成了许多紧急项目，但是重要的政策问题却被越推越远，这让我很好奇他们会怎么处理这些问题。我决定采用完全不同的干预手段，于是提出一个挑衅性的问题。

我：我注意到一些重要的政策项目一直在拖延。我们是不是应该有一个一开场就直奔主题讨论政策问题的会呢？

（这是一个更具建议性的问题，由于这个团队特别注意效率，他们知道一些问题需要重建流程来解决，因此这样问是合适的。）

团队成员：每两周的周五讨论一次如何？

（我注意到周五下午的会议上大家都比较疲惫，因此我在想，要不要用这个理由，让他们不要只是每两周的周五进行讨论。我非常想挑战他们建议的方案，所以我必须决定是停留在探询模式还是转而提出另一问题，抑或直接给出建议。在那一瞬间，我转换到了医生角色，我将做出诊断甚至开具处方，因为在如何有效开会的问题上，我觉得我比团队更加专业。这种转换对我而言很合理。）

我：直接延长政策会议的时间不是更好吗？

团队成员：我认同，所以我们可以提前一点开始周五的会议。

（我觉得这不能解决问题，我想如果不在会议室里开会，他们可能会探讨得更深入。）

我：你们真的想要在周五下午一直坐在办公室里讨论重要的政策问题吗？

（这句话更具挑衅性，也更真实地暴露了我的不耐烦：他们竟然看不出在人人疲倦的周五下午讨论重要事项是多么不合理。）

团队成员：不，你是对的，沙因。我们应该离开办公室，在我们不那么疲惫的时候再讨论重要的产品及生产决策。

肯：我们为什么不去我在缅因州的森林小屋过一个周末呢？

（我能感受到大家对这个主意有积极的反应，我饶有兴趣地观察其他团队成员如何顺着这个建议往下说，还有一些人也提供了他们自己的小屋，团队进入了高效的问题解决模式。他们在几分钟内就决定，要定期到一位成员的森林小屋里召开全天会议。最后演变为每个季度用一整个周末召开会议，讨论并做出重要的战略决策。这一变化也让每周五的会议更聚焦于当下急需解决的问题。每个季度在公司外召开的会议被称为"森林会议"，这也变成了DEC日常治理框架中的一部分，贯穿于整个DEC的历史。）

经验教训

- 我从先前的议程表干预中了解到，这个团队一旦明确地识别出问题，就能够迅速解决问题。因此，走出办公室去开重要会议这个想法一提出，团队就立即启动了这个全新的流程，对此我一点都不奇怪。我甚至还没有想到这个流程，但结合当地的地域环境和文化（新英格兰户外被森林所覆盖），这是很适合他们的流程。

- 在这个过程中，我目睹了他们创造文化的过程。这个团队创造了解决特定问题的新流程和结构，并且一旦这个方案有效，就会被固化成为常规做法，以至于团队忘记了最初这个主意来自何时何处。若干年后，人们会认为在森林会议上解决重大问题是理所应当的。工程部主管也是运营委员会的一员，他很喜欢这个想法，因此他在自己部门内部也召集其他管理者召开这样的会议，并称之为"丛林会议"。

- 从引导敏感性培训小组的经验中，我知道干预时机是多么重要。最佳干预时机应该在客户团队已具备足够信息，能自己看到问题的时点。所谓的干预只是对他们轻轻一推，他们便做出了创新。我也注意到诊断问题会给人带来巨大的成就感，因为它并不是将新想法强加给客户，而是将这些想法放到客户面前，如果客户认为很有道理，他们会自行选择。

- 最重要的收获是我完成了角色转变，从只会提谦逊的问题的咨询顾问转变成一位专家。我知道周五下午长时间的会议对于政策及战略的有效讨论没什么帮助，我也知道我具备团体管理的经验和专业知识，因此通过提建议式问题来与团队分享我的这些知识与信息，这样做完全合适而且也很真诚。

- 我也注意到，我的干预帮助团队提升了会议效率，我的声誉也提升了。在大厅里，人们常常会停下脚步和我交谈，这使得我开始了解他们每个人。我们正朝向2级关系发展，后来随着问题越来越复杂，这一点变得很关键。当我回顾这些时刻时，我看到自己在那时正渐渐走向我现在所称的谦逊的咨询。回想起来，这些干预大部分都是适应性行动。

- 最后，从这些早年与 DEC 团队打交道的经验，我也知道咨询顾问积极参与组织成员开展的实际工作，能迅速帮助组织发现真正的问题。肯是一个直觉型的领导者，他知道无须指定我特地关注哪些问题，只是邀请我进入组织观察，由我自己来决定什么时候以及怎么帮助这个团队。这一点我在后面也会讲到，这样做有时候确实非常有效，但有时候也很困难，正如我接下来描述的那样。

尝试修正团队秩序

当森林会议变成常规活动后，他们还是定期邀请我参会。在早期的一次会议上，我观察到了比之前那个周五下午更为极端的情况：与会者频繁地打断他人的观点，他们带有强烈的情绪，话语呛人，还伴有一些很不配合的行为，比如自顾自地查看邮件，兀自离开会议桌走到房间的另一边，或者用其他方式表示对讨论内容不感兴趣。肯自己踱步到一个角落里叠起了可乐罐子，或者用其他方式打发时间，当然他一直在听，有时候还会突然高声而激动地插话进来。

当我看出来这种模式时，我决定干预。我看到一个成员在阐述观点时，被另一个成员粗鲁地打断了。

我：我可以用几分钟说一件可能对大家有帮助的事情吗？杰克正在阐述一个观点，但是他还没有讲完，皮特就打断了他并且开始谈论自己的观点。我很好奇你们有没有注意到这个现象频繁地发生？

杰克（微笑）：是的，我还没有说完。

皮特：沙因，你说得对。对不起，杰克，我只是想说一下我自己的想法，我也知道不应该这么频繁地打断别人。谢谢沙因指出这一点。

然而，在这次干预中获得的满足感很快就消失殆尽了。接下来的谈话还是和以前一样，就好像我什么都没有说过。打断别人谈话、情绪化以及其他不守规则的行为依旧在发生。我好几次再次指出来，都被用"非常有帮助"之类的话谢绝了，一点作用都没有。

经验教训

- 在相当长的一段时间之后，我才领悟到这次的教训。我扮演了专家的角色，直接指出团队做错的地方，我甚至违背了敏感性团队引导中的原则：观察行为但不要评判。我应该让团队自己思考并判断互相打断带来的后果。我指出这种行为在团队里经常出现，很显然我传递的言下之意是，这些行为是不合适的，他们是一个很差劲的团队。回想起来，这种干预违背了我过往所学的关于如何帮助团队学习的一般原则。

- 当我从谦逊的咨询的角度反思时，我意识到我只是在听团队中哪些行为和我的理想模型相匹配，哪些不相匹配，但我极大地抑制了自己对团队为何如此行事的好奇。我违背了自己的一条原则，"善用你的无知"。换言之，此时的我应该聚焦于自己不知道的部分。在这个案例中，我不知道的部分就是为什么团队这么难以管理和情绪化。

- 最大的问题在于，我仍旧在扮演医生和科学家，仍然固守我自己认为的"好团队"应有的模型，并没有足够关注正在发生的事情。我忘了聪明的人不会无缘无故地做傻事。因此我们必须弄清楚，为什么他们做了我们看来很傻但他们看来很正常的事情。我也了解到，团队会按照自己的意愿行事，并且记得我从人际关系实验室学到的好团队模型是以帮助团队学习和反思为目的的。也许这个团队有不同的目标，因此需要不同的流程，也许在这段不守规则的经历中他们正在以某种我还不能理解的方式解决问题。

我的突破性干预

这些不守规则的行为还在持续,我放弃了改变他们的想法,只是坐在后面观察。回想起来,这才是我真正起到帮助作用的时刻。因为我放弃了自己的预设和自己的"好团队行为"模型,我开始关注他们并且变得好奇起来,而这些正是谦逊的咨询应有的心态要素。我开始喜欢这些人,为他们互相打断、行为粗鲁感到难过,但是最重要的是,我开始理解他们要做的事情了。我开始聆听他们的心声,而不是试图找出矫正他们的方法。后面我们还会再回到这个点上继续阐述,关于如何更好地聆听我收到了许多建议,但我认为聆听的目标可以细分成很多种,因此我决定听听"他们到底想做什么"。

在尝试了解他们目的的过程中,我明白了:这是一家非常年轻的公司,过去获得了一些成功,现在他们想要搞清楚,应该设计和销售哪些新产品才能保持增长。他们是最早创建了交互式计算的公司之一,这一概念最终使得个人台式机得以普及。但是在当时,没有人知道未来如何发展。他们在创造未来,但实际上每个产品决策都是在拿整个公司做赌注。难怪他们那么紧张、情绪化,也难怪每个人都会为自己关于下一步该做什么和怎么做的提议辩论不休。这家公司招聘他们，都指望他们能成为最聪明、最有激情的顶尖人才呢。

我也注意到，我很难跟踪会议上提出和争论的各种选择方案，因此有一天，除了好奇心，我再不知道还有什么能驱动我努力跟上他们的节奏。我走到了活动挂图板前，然后就出现了接下来的场景。

杰克：这就是我的想法，我们拿这条电脑业务线……

皮特（打断杰克的话）：杰克，你不明白，我们必须……

（我拿着笔站在挂图板前，直视杰克，打断了皮特的话。）

我：杰克，我想写下你的想法，但是还没有写完，你的建议是什么？

杰克：哦，我想说的是……

（杰克继续说自己的想法，而皮特和整个团队听着，我在挂图板上写下杰克的想法。）

皮特：我明白你的意思了，我的想法是……

（我开始写，整个团队都在听皮特的想法直至它被全写在白板上。团队继续讨论，而我会写下每个人的主要观点。后来团队一直按照这种有纪律得多的方式讨论，直到主要观点都呈现在挂图板上。然后团队开始讨论哪些他们集体同意，哪些他们要继续评估，哪些需要删除，等等。挂图板将他们的讨论聚焦了起来，并促成了某种程度的共识。）

会后，很多团队成员都和我说："沙因，你今天的做法非常有帮助。"

经验教训

- 上述经历也许是我整个咨询生涯中最重要的一课。因为这段经历向我展示了，放弃自己的模型，学会聆听客户的想法，最终帮助客户完成他们自己的目标，会带来多大的影响。要做到这一点，我必须放弃自己关于"好团队"的科研观点，并提醒自己这个团队是独特的，它有自己的计划，我必须迫使自己对这个计划感兴趣、产生好奇，并且认识到我的工作是理解他们的计划并帮助他们完成。这种认识有点自相矛盾，因为当我善用自己的无知并充满好奇的时候，我的表现反而比作为科学家强行让他们接受好团队应该是什么样时更为出色。

- 第二个巨大的收获是我发现仅仅在他们的流程中做一点点小改变，就大大地影响了他们管理讨论的能力。我经常觉得，正是这次会议让我产生了"过程咨询"

的概念（Schein，1969）。现在看来，这是一个典型的谦逊的咨询案例。我对他们的需求保持谦逊，使自己变得好奇，想帮助他们，然后不知不觉地找到了有效的适应性行动。

- 我的帮助并不依赖于专业知识，我更像是扮演着催化剂的角色，向他们展示了他们可以为自己做的事情。值得注意的是，这发生在20世纪60年代末，那时团体引导和挂图板正逐步取代黑板及人们自己做笔记。这个团队很快在后面的会议中采用了这一流程，由一名团队成员在挂图板前记录讨论进程，结果也一样好。由此，我实现了一个重要的帮助目标：引导他们学会如何学习。

失败的帮助：MAC 项目

下面，我将用两个失败经历来结束关于 DEC 的这部分：管理分析公司（MAC）未能帮助 DEC 以及我未能帮助 MAC 的故事。20 世纪 60 年代末，由于 DEC 增长迅速，肯·奥尔森认为邀请一个外部咨询公司"来看看我们"很有必要。公司内有很多战略议题悬而未决，肯和公司运营委员会认为请一些管理咨询顾问来进行诊断并让他们提一些建议和解决方案是明智之举。MAC是一家备受尊敬的咨询公司，位于剑桥，由全职咨询顾问组成，其首席咨询顾问是哈佛商学院教授和MAC合伙人。DEC项目由范希尔教授负责协调，并检查DEC组织情况。肯请求我帮助MAC并帮助协同相关的事情。

在接下来的几个月中，MAC对高级管理人员进行了全面的访谈，并对相关数据进行了分析。作为MAC项目团队的同盟者，他们对访谈记录进行分析、诊断并提出建议方案时我也参与其中。作为战略咨询顾问，MAC觉得他们需要提供一揽子解决方案来解决所有观察到的问题。他们的结论是，DEC首先应该任命一位有能力的营销副总裁并对其授权。我不太同意，鉴于我对DEC文化的了解，我认为单纯地提出建议可能会产生问题。我建议MAC应该聚焦于澄清问题，说明如果这些问题得不到解决会带来哪些代价，引导DEC通过这些问题自己找出解决方案。我多次发现，DEC的经理们有自己的学术取向，他们不喜欢别人告诉他们应该做什么，但他们相信数据。告诉他们如果不聚焦于市场营销会有什么后果，这能刺激他们思考。

第 3 章 建立信任、开放的 2 级关系的必要性

我也向 MAC 团队指出，DEC 为高级营销职位尝试用过很多人，但是他们总是削弱他们的权威，因为他们内心深处并不信任市场营销。用肯的话说，"市场营销就是对人们撒谎，而不是解决问题"。然而，MAC 咨询公司的文化要求咨询顾问必须给出结构化的解决方案，否则"我们就是失职"。范希尔教授和我在此问题上讨论了很久，但是他还是坚信，推荐 DEC 任命一位有能力的营销副总裁是很有意义的，而且数据也支持他们，所以很明显他们应该先推荐解决方案，再用大约 50 张幻灯片来证明这个举措的合理性。MAC 团队成员努力了许久，力求使汇报精彩出众，他们还做了模拟排练，证明他们推导出的方案多么显而易见。范希尔教授认为我不懂咨询，因此拒绝了我的建议，他还邀请我去"看看我们怎么工作，学习学习"。尽管肯希望我协助他们，但显然 MAC 既不需要也不想要我的帮助。我也了解到，如果一个人不想获得帮助，那么你很难让他们接受帮助。

MAC 准备好后，运营委员会在常规会议开始前给他们两个小时的时间。范希尔教授和一位 MAC 的同事按照咨询公司顾问的传统，用投影仪讲述了他们的主要解决方案——引入一位市场营销副总裁。肯·奥尔森礼貌地听了几分钟，没有等幻灯片展示完，他就对 MAC 团队的工作表示了感谢，然后

解雇了他们！我被这突兀的举动震惊了，但是想到我之前尝试给 DEC 建议时得到的反应，倒也并不意外。

后来 MAC 向 DEC 提供了各种详细的手写报告，个别经理也很认可 MAC 得出的结论，但是任命营销副总裁的建议最终还是不了了之了，种种数据带来的震撼也在忙乱中淡去。几周后，肯·奥尔森给范希尔写了一封长长的邮件，终止了与 MAC 的合约。这封邮件感谢了 MAC 的努力，但也表示 MAC 揭示的大部分问题，DEC 早就知道了。

经验教训

- 反观这段经历，MAC 将 DEC 的"问题"看成是一个简单的技术性结构问题，显而易见，其答案就是一个简单的解决方案。他们并没有注意到 DEC 的文化已经赋予了经理很大的自主权，再加上创始人很难完全放开他对公司的绝对控制，这就使得单独给一位营销副总裁授权无法实现。DEC 实际上已经做过尝试了，他们发现在这个职位上的人的权力会受到产品经理和肯的双重削弱。DEC 有复杂的文化环境，因此大多重要决策问题都很复杂且混乱。不知为何，1 级关系的访谈

第 3 章 建立信任、开放的 2 级关系的必要性

完全忽视了这一点。

- 我与肯已经建立了 2 级关系，所以他让我和 MAC 一起工作是很自然的，但显然作为客户的肯和 MAC 首席咨询顾问之间并没有建立 2 级关系，他们仍然是 1 级专业关系，基于咨询的"专业"理解来开展项目。肯告诉 MAC，我也是他们的同盟，我能帮助到他们，但是这只是肯提供的资源，而非 MAC 自己的诉求。他们没有理解肯背后的意图：我非常了解 DEC 的文化，知道怎么在这种文化下工作。

- 我试图与 MAC 项目的官方管理者范希尔教授建立 2 级关系，慷慨分享我所知道的 DEC 的相关信息。但他不仅无视这些信息，还特地告诉我，我不懂咨询。我认为如果直接提出解决方案，会引起 DEC 的抗拒，而他认为他展示方案的风格会让人无法抗拒，不必参考我的建议，他还暗示我要多观察 MAC 的运作方式并从中学习。显然，范希尔不想和我建立 2 级关系。这也清楚地告诉我，只有双方都有意愿的时候，才能建立关系。

- 我从这段经历中还了解到，客户实际对于外人带给他们的信息早已知晓，一些客户不希望别人告诉自己一些早已知道的信息，而另一些客户则聘请咨询顾问来对自己已知的信息和计划做的事情进行确认。这样的话，如果出了错，他们就可以把责任推给咨询顾问。正是这些观念滋生了有关咨询顾问的黑色幽默：咨询顾问看的是你的表，却反过来告诉你现在几点。此外，客户不能依据所"了解"的信息来采取实际行动，或不能接受咨询顾问的建议，不是因为他们无知，而是他们无法调和现有文化和推荐的解决方案之间的矛盾。一个组织只能做与自身文化适配的事情，而 MAC 的诊断和方案完全忽略了这一点。

- 我也认识到，"保持专业性"和"客户与帮助者之间应保持合适的距离"是很可怕的陷阱。当一个老板告诉我他的下属因具有"职业责任感"总是向他汇报事实真相时，我对此深表怀疑。我曾经听到外科医生宣称，他的护士和技师会随时向他汇报错误，但是正是同一批护士告诉我"绝无可能"。

- 在这个案例中,对 DEC 的伤害已经被降至最小。毫无疑问,有的工作场景和帮助情境并不是必须要发展信任和开放的 2 级关系。但是即使是这样,在我看来,范希尔和肯之间如果能基于 2 级关系展开讨论,那么会奠定良好的合作基础,对工作成果也更有保障,至少能让肯把 MAC 的汇报听完。不幸的是,范希尔和我后来很少交流,因此我也不知道 MAC 对于被解雇这件事情做何反应。

案例 4　在银行业务中应用新 IT 技术

这个案例给了我很多重要的教训,让我领会到了当问题复杂、混乱且不断变化时,对问题做出清晰的界定并解决它是多么不容易。卡洛斯是麻省理工学院斯隆管理学院的毕业生,我指导他完成了他的论文,因此我们非常熟悉。卡洛斯成为全美最大银行之一的国际运营部高级副总裁之后,他邀请我定期去纽约,"通过参加我的会议、观察我、给我反馈和建议,帮助我成为一名更好的经理人"。

因此,我们的工作关系刚开始时是对他这位高管进行教练,这也意味着需要同时教练他当时的几位直接下属。我每周花一整天的时间参观他的组织，旁听他的会议，尽我所能地帮助他和他的团队提高效率。团队所面临的问题是典型的日程管理、参与和决策方面的问题。我在会议期间偶尔会提供一些反馈，然后会后和卡洛斯一起回顾他的行为风格。肯·奥尔森在 DEC 让我自己做决定，而卡洛斯则更加依赖我，指望我帮他提升技能，帮他把团队变得更加高效。他不停地询问我他表现得怎么样，他的团队做得怎么样。

卡洛斯是我的主要客户，要真正对他有帮助，我必须了解他的整个团队。不管是在私下场合还是公开场合认识了解团队成员的过程中，我总是注重培养 2 级关系。卡洛斯也经常询问我对于团队特定成员和事情的看法，但我警告过他，我不是个人评估专家，这不属于我的本职工作。如果他坚持，我就会转向和他开展一次教练对话，要他讲讲他自己的评估，并帮助他梳理自己对下属的评估结果。

新的信息系统

卡洛斯想要应用一套新的信息系统，这套系统可以取代他们部门内 15 位会计使用的全部海外交易统计纸质文档。每位会计负责全球 5~10 家银行和金融机构，每个顾客的资料都单独用一个文件夹保管。收到转账申请，他们就会打开这个文件夹,快速浏览相关材料,再在计算机上达成交易。

银行准备升级运营系统,将大部分纸质文档改为电子版,这个新的信息系统就是其中一个项目。新系统允许会计同时看好几份文件,因此他们无需在文件夹里来回查找资料就能同时办理好几个业务。要使用这套系统,会计必须先将所有纸质文档的信息输入新系统。

卡洛斯希望我观察并访谈这些会计,以确定他们被指派参加新系统培训时可能产生的抵触原因。那时我已经认识了大部分人,他们相信我是帮助者而不是管理者派来的"间谍"。我突然发现我置身于一个已经被单方面安排好的变革项目中,这给了我机会直接观察该项目执行时可能产生的问题。例如,为了可以同时为多个顾客服务,会计首先要将每个顾客的全部信息输入新系统,然后要学会从系统里同时调取多条信息。一旦所有的信息都被输入新系统,纸质文档就被废弃了。然而,会计需要花很长时间才能学会这些操作,他们感到没有足够的时间来学习使用新系统并且不耽误日常工作。在适应新系统的能力上,同样是会计,但差别可能很大。

在正式受训后,我仍观察到许多会计在偷偷使用纸质文档,他们认为这比电脑更容易操作。卡洛斯对此始料未及,他采取的是非常典型的管理方式:呼吁停止使用纸质文档,但没有采取强制措施。卡洛斯想做一个"好经理",我知道他这样做不太对,但我也知道卡洛斯成长于家长式文化之中,他的管理风格深受其影响。我不想冒犯他的话,就最好不要去挑战他。

经验教训

- 在这个单方面规划的变革项目中,我学到的是如果在筹划期,你不邀请变革的实施者参与进来一同做计划,那么在真正执行的时候,他们会发现变革非常困难,而且会遭遇各种方式的抵制和抗拒。

- 我还学到了,客户有时候并不知道什么时候应该寻求帮助。卡洛斯应该在决定应用新信息系统前向我咨询接下来会发生什么,而不是在决定应用这个系统后再来寻求我的帮助。现在我们不得不面对工作信息化后团队人员的能力差异,也不得不面对各种突然出现的抗拒和阻力。而卡洛斯显然又不是那种会下强制命令的管理人员。

超级会计突然出现

随着事情的发展,一些会计开始喜欢新系统,随着他们越发适应新系统,借助电脑工作的产出也更多了。这促使卡洛斯和IT人员决定成立一支名为"超级会计"的骨干队伍,他们可以承包全部工作,但这么一来,其他在职会计就显得冗余了。由于卡洛斯的直接上级强力推行不解雇政策,所以过剩的会计需要重新接受职业培训,卡洛斯想让我帮他想些办法。只有解决了人员冗余问题,超级会计项目才能实施下去。我们用各种办法努力安置冗余的会计,但几个月过去了,仍然没有实质性的进展,一边是我们持续尝试缩小人员规模,另一边是超级会计和普通会计还混在一起工作。

经验教训

- 我的客户向我展示了之前我没有看到过的一面,而在这之前,没有什么场合能让这些特点显露出来。卡洛斯没有留意到银行的不解雇政策,也没有想到他的直接上级要将这一政策贯彻到底。卡洛斯不愿意在这些事情上去挑战自己的上级,因此他只能一边放慢项目的进度，一边想办法对冗余人员进行再培训。

- 我发现自己扮演了多种帮助者的角色。对于会计而言，我观察和访谈他们，偶尔会提一些建议。对于卡洛斯，我是一个教练和教育者，帮助他看到实施新系统的决策会带来哪些意想不到的结果。对于实施新 IT 技术项目而言，我发现自己很被动地成了参与者，并尽力去适应新环境。

新老板和惊喜

在这个项目实施的第二个年头，卡洛斯的老板离开了，新老板上任。当他看到这个项目还在艰难地提升生产效率时，他突然宣布银行实际上并没有不解雇政策，卡洛斯应该继续全力推进超级会计项目，能通过再培训二次上岗的会计留下，其余的全部解雇。这太让人惊讶了，原来不解雇政策并不是不可动摇的。要么这一政策只是由前任老板的个人价值观所致，要么就是银行后来修改了重要政策，但卡洛斯一直没注意！无论如何，我们事先没有任何预料，也没有任何准备。

卡洛斯要我帮助他和他的工作团队完成对超级会计项目的设计，决定要保留多少会计，并制订计划准备解雇冗余的会计。从 DEC 的经验中我已经知道很多事情会发生意想不到的变化，但是我从没有遇到过这种情况，这种变化会如此直接地影响我的客户的行动。我之前也没有和这样的经理人一起工作过，他如此迁就他的老板、咨询顾问以及 IT 人员。如果我能早些对此有所觉察，我一定会尽早提醒，但是这一切都悄然发生了，并要求我们迅速采取适应性行动。

设计超级会计的职业路径

相对原先的会计岗位，新设计的超级会计岗位在技能水平上对员工有更高的要求，薪资也上了一个级别。这一部分是可以掌控的，但是这些超级会计未来的职业通道仍不清晰。老会计的职业生涯已经到头了，他们也不在意相对低的薪酬和不多的晋升机会。他们已经很好地适应了自己的职业角色和定位。超级会计渴望晋升，但项目小组却找不到可供他们成长的路径。超级会计原本应该成为专家型角色，但在这家银行里，此路不通。实际上，这家银行的人力资源部门强力推行一套非常严格的晋升和职业进阶体系，对于做出了显著贡献的高层，银行会对其予以晋升和加薪的奖励，但对于表现突出的中层技术人员，就没有什么机制帮助他们更上一层楼了。

当工作小组发现超级会计缺乏职业路径时，项目竟然就此搁浅，所有会计被集体保留下来，甚至允许他们一边使用电脑一边使用纸质文档！奋战两年的结果就是新旧系统一起用，加之冗余的会计也被保留了下来，效率更低了。显然，银行的高管层不以为意，反正他们不想修改会计的职业通道、薪酬和晋升体系。IT人员对此结果极不满意，但是他们无能为力。卡洛斯接受了这个结果，生活继续向前。

整个案例的经验教训

- 与卡洛斯一起工作是一场冒险，因为总有他想做的新事情和需要他处理的新情况。在三年的咨询中，我亲身体验到，当我们面对不可预期的技术、政治及人事环境（比如卡洛斯的前任老板突然辞职）时，把握问题的本质是多么艰难，在技术层面去解决问题又是多么不易。

- 最大的教训就是不要预测未来，也不必对种种作用力做出不必要的臆测。你永远都无法看见系统的全貌，所以也没有必要猜测。根据传统的调研模型，单是不解雇政策这一项，就足以使拥有巨大潜力的新技术不被采用。但如果不是上司离职，我永远都不会知道原来这一政策并不是银行的惯例，也不知道老板们在处理这一类技术性裁员问题上实际上有很大的空间。

- 发现银行没有超级会计的职业通道，这一点也让我和卡洛斯大吃一惊。低级别的会计很容易管理，他们也都清楚自己的职业发展轨迹。但由技术催生出的超级会计教育程度更高，自然需要更高薪酬，他们也更愿意自我管理和独立自主，而非听从指令和安排。

- 所以真正阻挠新技术引入的是更深层次的文化问题，也是整个社会技术系统的问题。尤其是老板们无法想象，也无法接纳一个更加扁平的体系，这代表他们要在高薪专业技术人员面前更多地扮演咨询顾问的角色。高薪专业技术人员，比如航空飞行员，他们可能会在类似超级会计的新角色上度过整个职业生涯。实际上，不解雇政策也许只是一种方便的合理化掩饰，借以避免改变关于银行层级和工作本质的更深层文化假设。

- 最后，既没有造成巨大的损失，也没有带来实质性的变革。作为帮助者，我想能帮助卡洛斯处理这么多飞来意外，我就该知足了。同时，我真正理解了解决方案与适应性行动的差别。

本章总结与结论

本章我们回顾了这样一个社会学事实，即所有社会及团体中都有着种种关系，从拒绝、敌对、剥削到高度亲密，等等。每层关系都有不同的情境性规则，它们决定了什么样的距离和亲密度是合适的，个人化程度高低意味着什么，哪些内容可以公开，哪些内容应该保密。我们称我们与陌生人的一般关系为1级关系，交易性和专业服务关系也属于1级关系，它们受文化规则影响，被普遍认为应当保持一定的职业距离。

当我们结识某人并且能以更加个人化的方式与之一起工作，这就形成了2级关系，而2级关系对于真正起到帮助作用至关重要。2级关系的信任意味着我们愿意做出承诺并且会实现承诺。2级关系的开放意味着我们有共同的任务，我们会互相分享与之相关的信息，并彼此坦诚相待。

给读者的建议

要获得我们自己和他人关于开放和信任的洞察,我们可以找时间和朋友或者同事一起,聊一聊如下问题:"你什么时候会请求别人的帮助,或者请对方提供服务?你怎么知道你能否信任他们,以及他们是否会说真话?"回答的时候请举出具体的例子。

下一步,问问你自己,你可以通过哪些办法弄清楚,或者你需要什么样的对话才能让自己感到可以信任他们。

当你们讨论这些问题时,你是否能感觉到1级关系的正式与2级关系的个人化之间的差别?

第 4 章
CHAPTER 4

谦逊的咨询始于第一次谈话

建立关系是一个过程，始于咨询顾问与客户的第一次接触。所有形式的帮助、教练和专业咨询都需要理解初始反应的重要性。医生或律师在第一次会谈中所说的内容有可能使关系卡在1级，或者让关系往个人化的方向发展到2级。这同样适用于经理会见新员工，或团队领导会见新成员。

在本章中，我们将探讨谦逊的咨询顾问对于初始反应所拥有的各种选择，以便强调咨询顾问可以做些什么来建立2级关系。根据我的经验，大多数出现问题的情况都是由于一开始的疏忽或错误造成的。很明显，这就是案例2（工程部门访谈）中的问题，我完全没有考虑如何开始就直接开展了一系列行动。正如下面的案例所述，正确的初始反应不仅能建立关系，还可以立即见效。这看似矛盾，但案例1中启动文化变革的过程就是一个很好的例子。

在谦逊的咨询中,没有"探索性对话""建立合同""侦察"或"诊断",因为你的初始反应会引发一场对话,如果这场对话能建立起关系,它会自动产生你需要的数据,用以决定你是否参与以及如何参与。因此,从第一次接触的那一刻起,你所有的精力都应该投入到建立开放、信任的关系上。

谦逊的咨询态度——会晤之关键

建立关系始于态度上的准备,这是一个有意识地建立正确心态的过程。当电话铃声响起,你准备接触一个潜在客户时,你必须以多种方式做好准备,我称之为"谦逊的咨询态度",可以用三个"C"来概括:尽心(Commitment)、好奇(Curiosity)和关心(Caring)。

尽心:你必须在情感上做好助人的准备

如果你在情感上还没有做好助人的准备,就不要接起潜在客户的电话或接受他们的午餐邀约。如果你只是为了看看可能发生什么而做出回应,你的冷漠会透过你说话的语气和速度、内容以及会面时你的肢体语言表现出来。1级职业距离实际上会阻碍关系的建立。尽量不要担心这笔业务能否带来收入，你的动机应该是尝试了解你能否解决客户的问题。如果解决不了客户的问题，你的所言所行至少要让客户感觉获得了真正的帮助。

好奇：你必须想知道这个人是谁，情况如何

如果你已经做好了情感上的准备，但不知道接下来会发生什么，那就表现出真诚的好奇心，因为这会让你从与对方接触的那一刻起就成为一个积极、专注的倾听者。如果你对这件事情毫无兴趣，就不要接起对方的电话，也不要去赴约。如果你很忙或者心事重重，也不要联系潜在客户。如果你对需要帮助的问题和他人此刻的遭遇及担忧并不感兴趣，就不要从事助人的工作。

关心：你必须尽快个人化

关心客户本人以及客户对你说的话。尽可能消除你的先入之见，做到不把过去类似情况下的期望投射到即将发生的情境中，这一点很有难度。同样困难的是，把你的注意力从那些你认为真正能有帮助的事情上挪开。不要做一把只盯着钉子的锤子。集中注意力，倾听潜在客户想要传达的信息。

在这方面，我发现不提前查询公司信息、不查看潜在客户发来的资料会更有帮助。尽管好奇心难以抑制，但我还是更加关注客户当下的亲口讲述。

医生、律师和经理人也有同样的选择。医生可以去到病人的床边，想着这个病人的症状是否与他的职业相关，或者对这个人产生好奇，询问"你是哪里人"，或者对当下的情况好奇，从"哪里不舒服"的问题开始，展开探询。

如何倾听

以什么样的方式倾听对方最先诉说的内容是至关重要的。基本上你有三种选择，它们都算是认真的、感兴趣的倾听，但是对建立关系会产生不同的结果：

以自我为中心式倾听。我听到的哪些内容让我深有共鸣？我能基于我的知识、经验和技能对其提供帮助吗？这个人说的内容和我本人的动机、价值观和需求是否有所关联？参与/不参与的利弊是什么？我是否有时间参与？

对话常常以这种模式的倾听开始，并一直维持在这一状态中。我们认为自己可以同时既顾及我们关心的话题，又关注潜在客户谈论的内容，但是根据我的经验，如果我忙于评估潜在客户的需求与我自身的匹配度,我就没有余力保持好奇心,很可能无法捕捉客户真正的需求。艾伦·兰格的经典问题,"还发生了什么别的事情"强调了我们的经历可以从多个角度理解。(Langer,1997)。是什么吸引了我们主要的注意力——我是对这通电话对于我的意义和价值感到好奇,还是对电话那端的人和情况感到好奇?这就导致了第二和第三种选择。

内容共情式倾听。你可能需要关注对方试图向你传达的问题、观点或情境,以及对方试图传达的信息中,哪些问题要素需要考虑。这和被内容诱惑不同,被内容诱惑指的是你立即开始想象自己处在那种情况下会采取的行动,你的思绪游走于种种可能的应对措施之间。而在内容共情式倾听中,你主要的注意力、精力和好奇心都集中在试图理解客户处境的细微差别上,你可能会完全忽略对方说话的口吻和种种暗示,无论他用何种方式表达,你的注意力始终聚焦于对方讲述的情境。例如,对方说"我真的很担心,我的组织中员工敬业度很低",如果你专注于内容,你就会忽略对方说的"我真的很担心",一心只关注员工的敬业问题。其实,除了内容共情之外,你还可以选择个人共情。

个人共情式倾听。你可以集中注意力倾听这个人描述他的经历时有何感受。用这种倾听方式，你主要的注意力和好奇心便集中在对方语音语调中流露出的紧迫感，以及从对方的描述中你还能获得哪些线索以对他此时的经历做出更多解读。你可能听到焦虑、愤怒、不耐烦、有机会向人倾诉的放松、担忧、不得不求援的烦躁、对咨询是否会有帮助的怀疑，等等。你可以选择在倾听时主要关注这些线索，并将你的好奇心主要集中在对方身上，而非关注具体情境。

你做出的第一反应取决于你的倾听方式，所以你应该清楚自己的目标，并准备好根据听到的内容迅速做出调整。如果你想要建立关系，是围绕内容进行个人化还是围绕讲述对象进行个人化，这是非常重要的选择，不管做何种选择都对建立关系大有帮助，但只有身处其中才能知道哪一个选项更合时宜。

关于如何回应的几种选择

你最初的所言所行应该不仅要尊重客户，还要能获取必要的信息。换句话说，你的初始反应有多个目的——让客户对寻求帮助感到放心，了解更多与问题相关的信息，并尽可能向客户表现出支持和共情，这样，即使最初的互动不过寥寥几次，客户也会感到有所获益。我一直觉得不可思议的是，那些与客户接触之初的谦逊的问讯、断言、启发，甚至有时只是沉默，都被事实一再证明，对于客户致电求助的问题真的很有帮助。因为这至少为客户提供了一个表达和倾听自我的机会，或者说，（我的建议）为客户提供了一个聚焦问题、重构问题或者转换观察视角的机会。

是真实一谦逊的问讯还是即兴反应？ 纯粹的1级咨询和谦逊的咨询有一个重要的区别，前者只是试图帮助潜在客户找出解决方案，后者则是试图深化个人化程度，并打开通向2级关系的大门。因此，你必须保持开放、坦诚和真实的自我，以适应当前的情境。

在这里，你面临着一个重要的选择——是提出一个谦逊的问讯问题，还是透露一些和你自己有关的事情，或者顺其自然地跟随自己的反应。在此前的拙作中，我向来主张第一步是谦逊的问讯，但这并不意味着按照字面的意思一味地提问，而是要在沟通中经常传递出探询和感兴趣的态度。矛盾的是，要想传达这样的态度，有时候最好的方式是先谈论一些自己的个人信息，或者就像我在案例1中那样诚实地回应，这也能让客户知道你听到了他的话。始终不变的原则是你应该保持乐于助人的态度。

问题类型——问什么以及如何问。通常在客户讲述之后，问一些问题显得比较自然，但关键是你需要知道在首次发问时，你可以提出哪些类型的问题，以及用何种口吻进行提问。无论你是通过谦逊的问讯（也就是用各种方式鼓励客户再多说一些），还是以更有针对性的问题来引导互动，都取决于客户当时的状态及具体情况。在这方面，我发现根据意图和影响对所提问题进行分类会很有帮助。

在我咨询生涯的早期，我就对咨询顾问所提的问题进行了分类，在不假思索地回答之前，审视所提问题的类别会很有帮助。（Schein，1999，2009，2013）。对问题进行分类有一个基本原则，即在最开始，帮助者应该既要让客户感到自在，又能获得问题的基本信息。因此，对客户的初始提问最好从谦逊的问讯开始——对你真心不了解的问题做开放式提问。

随着客户说得越来越多，想法、假设和见解不可避免地在你的头脑中形成，你开始觉得有必要对当事人或情况做有针对性的探索。虽然你不一定有答案，但是你会开始想问一些关于潜在客户的问题，而这会让他偏离他要讲述的内容，转而聚焦于你想了解的内容上，让你的好奇心得到满足。这样的提问属于诊断式询问。

诊断式问讯。诊断式问讯的问题比较宽泛，如"嗯""请再说一遍""麻烦再解释一下",到直截了当地询问"为什么会这样""然后你做了什么"或者"那让你有什么感觉"。这些问题的共同之处在于它们会影响客户的表述,迫使客户改变原定的叙述思路,改变客户自我呈现的进程。

我把这些问题称为"诊断性问题",因为这些问题旨在帮助你和客户加深对客户本人和情况的理解。如果我感觉到客户可以按照自己的节奏讲述更多信息,那么我当然会让她这么做,但是如果我需要了解细节,或者她暂停下来期待我的回应(导致沟通出现了停顿),我就会提出一个诊断性问题。此时,我不仅仅是专注倾听,更是带着兴趣与对方进行交谈,因而我知道在某种程度上,我掌控了对话的方向。我们的交流已被我变成了对话,而不是一个人向另一个人的单方面叙述。

在谦逊的问讯过程中,我的身份是模糊的,有点像是一名感兴趣的听众。但提出诊断性问题后,我就成了一个有观点的人,于是我们的关系开始朝着某个方向发展。诊断性问题可分为以下三类。

- 概念性的问题——基本问题"为什么",这将迫使客户思考和检查他刚刚告诉我的事情的各个方面,并思考原因。

- 情绪的问题——基本问题"这让你有何感受",指向客户刚刚提到的某个事件。

- 行为的问题——基本问题"你做了什么",指向客户叙述中的一些选择点。

这三类问题也可以基于时间范围提出,如你当时做了什么,目前你能做什么,未来你准备做什么?或者,你之前有什么感受,你现在感受如何,你将来会有什么感受?

循环问题和过程焦点。如果你提问的目的是帮助客户看到她正身处一个复杂系统中,让她更深入地思考所述问题的实质,你就可以使用家庭治疗师称之为"循环问题"的提问形式。循环问题,即咨询顾问请客户猜测她所处系统中的其他人会有什么样的想法、感受或行动。

根据我的经验,我提出这种问题的场合一般是在客户要求我去她的组织对她的下属做访谈,或对方做出了一些让我不舒服的行为时。我会问客户:"如果我这么做了,你认为他们会如何反应?"通过这一提问,我是在请客户再次考虑她的提议将造成的后果,并以此测试这个潜在客户对咨询的理解——顾问做的每件事都是一种干预,都会带来相应的后果。

接下来根据潜在客户的回应,我们可以继续探讨她将以何种方式对公司宣布我的参与,她会如何向下属解释她寻求咨询帮助的目的,她将如何处理收集到的信息,以及她有哪些长期计划。这类问题也开始让我们的谈话聚焦在过程问题上,聚焦在工作的执行方式上。以我的经验来看,最后我们往往会发现这正是客户最需要帮助的地方(见第6章)。

在案例1中,我立刻建议客户先与我沟通,而不是我直接去公司拜访他们,这么做的效果很好。在案例2中,我和同事只单纯进行了访谈,完全没有考虑到这会给整个部门带来哪些影响,结果很糟糕。

诊断性问题会改变谈话的进程,并引导客户对叙述中的其他元素予以思考,但诊断性问题不会给谈话引入新的内容。什么样的问题会引入新的内容呢?我认为是具有启发性的问题。在以前的工作中,我把这样的问题称为"对抗性"的问题,因为这些问题迫使客户关注她可能从未考虑过的新信息。但"对抗"二字暗含的意思和谦逊的咨询态度是有冲突的。所以我认为,就含义而言,"启发性"的问题用词更为准确。

启发式问讯。与客户的谈话开始时,我们不可避免地会经历这样的时刻:我们的脑海中突然出现一些想法、感受和行动方面的建议,此时我们必须决定是否将它们透露出来。

诊断性问题会影响客户的讲述方向，而启发性问题会使客户在叙述中因受咨询顾问的影响，加入新的内容。

关于这种干预的最大问题是如何选择恰当的时机。要知道你是在要求客户思考一些他最初没有考虑到的事情，而且作为帮助者最危险莫过于早早给出尚未成熟的建议，这有可能损害你的可信度。帮助者的陷阱在于客户可能已经考虑过这个建议，但出于各种合理的理由排除了这一可能性，现在迷惑于为什么咨询顾问会想出这么一个糟糕的主意。当你试图建立关系时，没有什么比客户说"你说的我已经试过了，没用"更令人沮丧的了。这句话实际上是在说，"作为顾问，你怎么看不出来这个建议的种种缺陷呢"。

将建议和想法融入问题中，一定程度上对客户是有帮助的。如果你不确定的话，可以适当软化语气。正如与 DEC 合作的 MAC 项目（案例 3）所示，在收集完所谓的数据一段时间之后，咨询顾问独自制定出的建议是很少能见效的。更好的做法是等到你觉得这段工作关系已进入 2 级关系，也就是客户能信任你的时候，再提出启发性问题。一旦我感到工作时客户和我彼此信任，在任务相关的问题上能坦诚相待，我就能很自然地问出诸如"这难道不让你生气吗""你为什么退缩，而不是克服这一情况呢""你觉得以后你可以和那个人谈谈吗",或者正如我们将在案例5和案例6中看到的那样,"你有没有考虑过……"(提供一个与客户叙述主旨或其提议相左的建议)这样的问题。

过程导向式问讯。过程导向问题有三种形式:引导客户换一个方向分析问题,改变客户对你在帮助过程中扮演角色的期待,或专注于当下与客户的互动。在以下的案例及第6章中都有详细阐述,我既改变了客户对问题的定性,也改变了她对我的期待。将重心放在客户此时与你的交流上可能不那么常见,但如果你对谈话进展感到不舒服,那么这类提问就会有所帮助。正如我在第7章中所展示的那样,当我们期望在复杂、混乱的情况下做出适应性行动时,将问答转变为对话、使用更多的对话技巧会变得很有必要。当下互动的目的,是使双方认识到我们正处于建立关系的过程中,而这一过程本身也需要被分析和评估。在你与客户对话的过程中,你可以通过问"你觉得我们现在进展如何""我帮上忙了吗""还有什么是我应该做的吗?还有什么是我应该了解的""我们进展还可以吗"等类似的问题予以确认。

个人表露。首先,谦逊的咨询态度需要真实。你不能伪装或者有所隐瞒。让我们重新审视一下你的两难处境:你想使用谦逊的问讯方式,以便尽可能多地了解客户的想法,但

第 4 章 谦逊的咨询始于第一次谈话

现在你对开场时潜在客户所说的话产生了强烈的反应。你应该说出来吗？我发现，这里的关键在于你此时的反应是出于好奇心或同理心，还是出于以自我为中心。显然，透露自己的个人反应能向客户发出邀请信号，使关系更加个人化。但如果你过于自我，或者你还没有把握客户的真实想法就贸然表露了心迹，那么无论是哪种情况，都可能让你接下来一路顺着自己的诊断思路探索下去，而错失客户真正的需求，这显然会置你于危险之中。因此，一般我会格外谨慎地表露自己的反应，除非我觉得此时再隐藏会显得虚伪。

其次，你必须继续遵循文化规则，知晓什么适合分享，什么不适合分享。可能来电者的声音让我听着难受，此时说出我的反应就是不礼貌的；也可能对方居高临下的语气让我感到不舒服，但此时找到一种方式表达我自身的感受则是合适的。我在案例 1 中脱口而出："那你为此做了什么？"从技术层面看这是有问题的，但我们所有人都认为这是一个很有帮助的反应，因为它表明了我尽心帮助、好奇和关心。

说明性案例

正如下述案例所要说明的，一旦客户对最初纯粹的谦逊的问讯做出回应，我们就必须做出选择，接下来是用"请告诉我更多"的鼓励让客户继续讲述，还是转向诊断性问题、循环问题、启发性问题、过程导向问题，或表露个人反应及发现。

案例 5　重构开发文化分析模板的需求

这则案例说明的是早期诊断和启发性问题如何让客户全面重构自己的需求。

潜在客户：我叫玛西娅·希金斯。我是 X 公司的公关副总裁。我们是石油工业设备的大型国际供应商。沙因博士，我们想知道您是否能帮助我们开发一个文化分析模板。我们发展得很快，在不同国家雇用了很多新人，我们担心自己的价值观会逐渐消失。我们已经在全球设立特别工作组，准备进行文化分析，并确定我们不能失去的核心价值观。您能帮助我们建立一个文化分析模板吗？

（我有点困惑。我的书里已经提供了许多文化分析模板，我实在不明白他们为什么还要特地为此找上门来呢？但是我

第4章 谦逊的咨询始于第一次谈话

对这个话题挺感兴趣,也很好奇,所以我选择了谦逊的问讯来获取更多信息。)

我:你能再多讲讲你对这个问题的想法吗?

玛西娅·希金斯:嗯,我们认为雇用新员工的时候,我们需要向他们宣传公司的基本价值观,这样才能保持我们的文化。我们希望您能帮我们定义这些价值观,请您为特别工作组提供一个模板和流程,让他们可以借此提炼出公司的核心价值观,再教给新员工。

(我专心地倾听这个和文化相关的议题,感觉这些听起来合情合理,我完全可以同意。我可以建议启动一个开发模板的项目,但我又觉得事情有些不大对。我突然想到,如果要让现有员工向新员工宣传公司的价值观,那么说明他们肯定已经掌握了价值观,那为什么还需要一个长期诊断过程来确定价值观呢?于是我提出了另一个问题,实际上也是在验证我的一个假设,所以这是一个启发性问题。)

我:特别工作组中的每个员工现在不都在遵循这些价值观吗?

玛西娅·希金斯:是的,当然,我们经常向员工宣传价值观。

我:那么他们现在已经准备好把公司的处事方式教给新

员工了?

（实际上，我是在建议用一个全新的流程来检查她是否考虑过这个新的视角。我正在引导她用一种新的方式来定义问题，同时测试她真正的想法。）

玛西娅·希金斯：哦，是的，但是我们认为对文化进行更彻底的分析，并把其中一些价值观正式地写下来也是很重要的。

（我现在面临一个重大选择：要么对人共情，问她为什么认为文化分析如此重要，要么对内容/情境共情，询问价值观方面的问题。我之所以选择后者，是因为我认为这会更快引发有帮助的行动。但是你应该注意到了，是探究她的感受和理由，还是解决价值观传承这一问题，这是一个很关键的选择。）

我：你能就这些价值观给我举一个例子吗？

（要求举例往往是最重要的干预手段，因为通过举例，你可以更具体地了解客户在说什么。所以，这时对话又回到了纯粹的谦逊的问讯，但此时我的问讯关注的是情境，而不是客户。）

玛西娅·希金斯：例如，作业现场的每个团队都要能全力以赴和绝对忠诚。

（玛西娅能够立即举出核心价值观的例子，让我意识到如果我直接给他们一个模板，那么接下来，他们就会顺理成章地和我一起花费数周甚至数月的时间来评估、制作一份"正式的"公司价值观清单供新员工学习。对我来说，这本可以是一个报酬丰厚的项目，但我感觉玛西娅更关心的是马上对新人进行灌输和培训，而且我也知道即便清单制作完成，也不能真正促进对员工的价值观灌输。

电话里我听得出对方的紧迫感，基于此，我决定尝试问一个更具启发性的问题。我本可以就创建价值观清单及其用途提更多问题，但我真实的感觉是这些都可以省略，我更应该冒险提一些不一般的建议，并且是以问问题的形式提出。）

我：你们现在在招人吗？接下来的几个月也是吗？

玛西娅·希金斯：哦，是的，我们一直在招人，所以我们才那么急着要列出价值观清单。

我：但是，就像你说的，你们特别工作组的团队成员不是一直都在践行这些价值观吗？

（这既是一个循环问题，目的在于测试我的建议是否有效，同时也引导玛西娅顺着我的思路继续思考。）

玛西娅·希金斯：哦，是啊！

（现在我更了解她的真实想法了——迅速吸引新员工加入

公司，并立即向他们灌输公司价值观。至于为什么他们觉得需要一个正式的流程来确定公司的价值观，还要白纸黑字地罗列出来，这一点突然变得更加扑朔迷离。我想知道是不是因为我写了组织文化方面的书，所以她试图以这样的方式让我参与到项目中。我开始把倾听的重点从内容转移到她和她的动机上，并决定用一个具体的建议来测试一下情况是否如此。）

我：那为什么不让特别工作组直接思考如何对新人进行培训呢？在这个过程中，他们必定需要先确定自己想要维护哪些核心价值观，比如刚才你说的那条。为了向新人宣传这些价值观，显然他们必须先学会描述这些价值观，并举出相应的例子。为什么把精力放在分析文化上，而不直接传播文化呢？如果特别工作组已经成立，那么只需要让他们不断迭代针对新员工的培训项目，他们就会在这个过程中逐渐阐明核心价值观。

玛西娅·希金斯：让我想想，这是一个很有趣的想法。我会再联系您的。

（我在玛西娅的请求中感受到了紧迫感，因此决定提出一个建议，帮助他们加快向新员工灌输公司价值观的速度。由于他们之前的反应告诉我，负责培训工作的特别工作组已经

第 4 章 谦逊的咨询始于第一次谈话

到位,所以我才给工作组建议了另一项任务。到目前为止,这一切都是在一通电话里发生的。几天后,玛西娅回了电话。)

玛西娅·希金斯:您好,沙因博士。您的想法很好,让我们的进展加快了许多。但是我必须和CEO核实接下来的计划,毕竟您提出的是一个新方法,他想和您谈谈。他经常来剑桥,一周后他会来剑桥和您见面。到时候他再和您联系。

(第二周,我收到了电子邮件,说CEO的行程取消了,但他确实想继续沟通,于是第二天我们通了电话。)

CEO:您好,沙因博士。我们正在实施确定公司核心价值观并将其灌输给新团队和项目经理的项目,玛西娅告诉我,您对此有另一番想法。

我:是的,在我看来,如果贵公司已经成立了由现有员工组成的特别工作组,而他们也一直在践行公司的价值观,为什么不立即让他们去宣传这些价值观,而要搞一个庞大的诊断流程,只为了将这些价值观变成白纸黑字呢?这些价值观经过员工们的学习和内化之后,随时都可以写下来。让他们去宣传价值观不仅可以加速这一进程,还能确保现有员工在向新员工宣传价值观时,自己也能重温公司的价值观。

(在这里,我冒险进入了"医生角色",透露了自己的解决方案,而不是请CEO告诉我他对这个项目目标的定位。这可以算是选择实话实说,因为现在这个解决方案已经让我着迷,所以我直接说了出来,而不是进一步询问。)

CEO:嗯,这很有道理。而且现在我再回想,其实当我和玛西娅第一次谈起这个问题时,我就是这么想的,但是她认为第一步必须先有正式文件。我自己不这么认为,所以我很高兴您提出这个想法。我相信我们会基于这个共识继续携手前进。您的提议非常有帮助。请您回头开一张票据,列出您在这个项目上工作的时间,我们将支付费用。

(我大大地松了一口气,因为我们对事情的轻重缓急看法一致。然而,我不知道玛西娅是怎么想的,我是否扼杀了她的创意,还在她和 CEO 之间制造了麻烦?几天后,我接到了玛西娅的电话。)

玛西娅·希金斯:我和 CEO 谈过了,他对这个新的方向非常满意。说实话,他第一次和我讨论此事时,我以为他是想让我把价值观做梳理和备案。我自己也不太确定,但是和特别工作组一起着手准备新员工的培训项目是我更得心应手的事情。

我:太好了。那就试试这个方法,看看效果怎么样吧。我们保持联系,后面也请告诉我事情的进展。

(如果灌输价值观的方法不起作用,那么我希望保持开放去探索更具适应性的策略，同时让玛西娅知道我会一直愿意参与此事，如有需要，可以进一步探讨有关问题。几个月后，我给玛西娅发了一封电子邮件，询问事情的进展如何，得知他们最终达成一致意见的核心价值观就三个：绝对忠诚、对项目全力以赴，以及对项目和公司全天候投入。事实证明，花时间去创建正式描述价值观的模板反而会把事情弄得一团糟，因为这三个价值观才是他们真正担心可能丧失的。

经验教训

- 最根本的帮助发生在第一次谈话中，我的好奇心和兴趣帮助玛西娅重新思考她到底想做什么，同时帮她重新审视她最初的需求。在第一次谈话之后，她可能也意识到，作为公关总监，她可能太执着于以书面的形式呈现价值观。正是这一经历让我想到，真正的帮助往往是即时且快速的。

- 在关系建立方面，我诚实的提问显然向玛西娅传达了一系列信息，即她可以对我敞开心扉，我们可以从我提出的不同角度继续探讨。而这个角度最终对她和

CEO 也都有意义。我们通过电话建立的关系已经足以产生真正的帮助。我得出结论，忠实于自己的反应是正确的做法。我还了解到，如果我从玛西娅和 CEO 的语气和内容中感到她对我足够坦诚，她也能听得进去我的修改建议，那么我就可以在相当短的时间内从谦逊的咨询顾问转变为提出建议的"医生"。

- 我放弃了一个潜在的大项目，但我相信，重新分析他们的需求和策略对他们更有帮助，显然他们也认同这一点。我的提问试图传达这样的信息：我理解这个问题，也理解他们的紧迫感，但我也看到了另一种处理方法。他们可以看到特别工作组的精力更应该用于制定培训新人的方法，而在这个过程中，最重要的价值观会被自然而然地梳理出来。

案例 6　通过过程建议创造客户：阿尔法电力公司

这个案例之所以不同寻常，是因为我在第一次谈话中袒露了自己的心声，而这让我与客户建立了长达 12 年的合作关系。故事又是从一通电话开始的。

第4章 谦逊的咨询始于第一次谈话

玛丽·梅尔：您好，沙因博士，我是玛丽·梅尔。我是阿尔法电力公司的人力资源负责人，我们正在寻找一位文化顾问。您可能知道，几年前，我们公司因为一些环境违法行为招致刑事诉讼，现在公司还处于观察期。法官当时发表了一份非常严肃的声明，认为我们公司不负责任的环境违法行为源自"公司文化"。

我们已经聘请了两名律师来处理与案件相关的法律事务，并协助我们制订更好的环境保护方案。我们认为这和文化有很大的关系，所以我们想找一位帮手来分析我们的文化问题。我们想，您可能有一些同事或者研究生可以帮助我们。

（我越听越感兴趣，因为当时我没有固定客户，而且想到与一家电力公司合作的前景我就饶有兴致。由于之前受邀与国际核能机构就核安全的文化问题进行过会谈，对于核工业的安全问题我已经有所思考。）

我：这一切听起来都很有趣，也很有挑战性。我现在不知道能推荐哪位同事或学生，我来试试怎么样？我对这个问题很感兴趣。

（这可能是谦逊的问讯中最"出格"的问题了。但这表明了我对这个组织强烈的好奇心，这是真实的自发反应。）

玛丽·梅尔：这，我们可能请不起您……但我会向

CEO 和正在进行这项工作的特别小组提及此事。我会再给您打电话的。

（一个星期过去了，第二通电话来了。）

玛丽·梅尔：嗯，沙因博士，其实我们有兴趣找一位您这个水准的专家和这两位律师一起工作，组成内部"环境质量审查委员会"并向主委员会汇报。我们希望与您会面进一步讨论，您下周能否与我们的一些高级管理人员会面？

（我同意了，然后我们商定了日期。虽然他们自愿支付我的差旅费，但这次我并不打算收费。因为我是毛遂自荐的，双方显然还处在相互测试阶段。当我到了总部，我发现参观本身就是一种文化体验。首先，进入大楼需要走一个精心设计的登记程序；然后，在一个非常正式、宽大的接待室等候接待，在通往行政楼层的电梯里，我看到了公司的历史照片和播放着员工新闻和公司价值观的电视屏幕；最后，我被带进一个设备齐全的大会议室，首席运营官、公司所有服务部门的管理负责人、劳资关系负责人和玛丽已在场等候。他们问我组织文化方面的工作情况，并给我讲述了法官的裁决以及他们处于观察期的现状。

我很感兴趣，也敏锐地意识到，这次会议将决定我和这些主要高管是否会以某种方式达成一致。这次谈话是非正式的，很笼统。最后他们表明，会就这次到访进行讨论并决定是否雇用我，结果将由玛丽通知我。大约一周后，我接到了电话。）

玛丽·梅尔：您好，沙因博士，上次和您见面我们都很高兴。我们决定请您担任我们的文化顾问。您可以直接和吉姆·斯通联系，他目前是我们的环境、健康和安全（EH&S）总监，也负责制订计划，协助公司摆脱观察期。您将和我们的两位律师一起工作，向董事会的环境委员会报告。您将成为由吉姆主持的公司 EH&S 高层委员会的成员。该委员会负责创建和审查所有 EH&S 项目，由所有高级运营副总裁和首席运营官组成。我们还希望你下次到访时能见见我们的董事长兼 CEO，因为他对公司如何摆脱观察期有着更长远的看法。您还需要知道，法院指派了一名监督人员，他可以查看公司的所有情况，并为我们和法官撰写公司进展的季度报告。我们非常期待与您合作。

（一下子要接受的信息量太大了，但这基本上符合我的期待，我想在安全方面多些参与。就这样，我开始了和阿尔法公司持续 12 年的关系往来，这让我了解到一家大型城市电力公司变革时的艰难，也让我对安全管理全行业有了更多了解。在许多方面，我与这个组织的各管理人员和员工的关系互动都表明，随着新的安全问题不断出现，我们需要频繁采取各种适应性措施。）

经验教训

- 关系的建立需要当事人拥有诚实的品质。出于我对安全议题日益浓厚的兴趣，我对这个项目很着迷，如果我已经意识到了这一点却不表达出我对担任顾问的兴趣，那么我会觉得自己不够真诚。

- 在我与阿尔法公司高管的初次会面中，我敏锐地意识到自己是一名推销员的角色，因为我真的很想得到这个咨询工作。因为我远离了谦逊的咨询顾问角色，我感到有一些紧张，但我也意识到，我与国际核能机构的会谈增加了我的可信度，我有信心为阿尔法公司做出贡献。何况阿尔法说公司安全问题可能的确与其文化有关，而我在某种程度上可算是这方面的专家了。

- 整个经历让我强烈意识到，你必须准备好根据自己的需要以及当下了解到的客户情况转换角色，从而改变所处情境的性质。和阿尔法合作的这一段经历也向我展示了客户系统的复杂性，具体内容我们将在第 7 章进一步探讨。

如何在团体情境中快速推动个人化进程

团体会议至少有三种不同层次的关系。我见过根据罗伯特议事规则运作的工作团体，很明显，其创始人和主席如此设计旨在让成员之间的关系保持在 1 级水平。他们期望成员遵守规则，各司其职。他们认为个人化是不恰当的且浪费时间。一个团体是否需要超越这个层次，取决于其试图完成的任务以及该任务需要成员协调行动的程度。相互依赖性越高，对 2 级信任和开放的需求就越大。在某些情况下，团体确实渴望关系甚至能达到 3 级程度。例如海豹突击队或其他完全相互依赖的团队，他们在极不安全的条件下工作，需要相当熟悉彼此的反应。

许多类型的工作小组只是名义上的团队，因为每个成员的实际工作与其他成员无关。成员们共处一地并不能使小组成为团队，向同一个老板汇报也不会使这群人成为团队。团队的形成基于任务或情感上的相互依赖。如果不曾对任务进行分析，也不曾发现彼此存在相互依赖的关系，我们就无法知道这一团体应该基于哪个层面的关系才能运作。然而，如何展开一段个人化历程也是至关重要的，接下来的两个例子，一个成功，一个失败，正说明了这一点。

案例 7　马萨诸塞州奥杜邦董事会特别工作组：个人化的成功

马萨诸塞州奥杜邦协会是一个大型的、成功的保护组织，在新英格兰地区运作了很长时间，该组织为鸟类建立庇护所，保护鸟类筑巢区，买下筑巢区附近的土地，并开展各种帮助儿童了解自然的教育项目。我在董事会工作了两年左右。当时修建新建筑和项目扩展的需求迅速增长，协会负责人诺玛和董事会主席路易斯决定开展筹资活动。这一活动已有 10 年或更久的历史。

由于我有组织工作背景，我成了"董事会程序委员会"的一员，该委员会每月召开一次会议，审查董事会的工作情况，探讨如何使组织有效运作。正是在这个会议上，委员会提出了发起新的筹资活动的问题。最大的问题是董事会是否为这样一场活动做好了准备，因为这需要董事会成员愿意付

第4章 谦逊的咨询始于第一次谈话

出时间和精力,做大量的额外工作。

程序委员会决定,我们需要建立一个由尽职的董事会成员组成的特别工作组,来探究我们是否已经做好准备这一问题,同时他们也问我是否愿意带领这个工作组。我同意了,我视它为一次挑战,想看看谦逊的咨询理念能否影响这个工作小组,让选出的10名董事会成员彼此合作。

我、诺玛和特别工作组的几个董事会成员开会讨论如何启动特别工作组。我立刻陷入了进退两难的境地,因为诺玛要求我在第一次会上给她时间来讲解上次筹资活动中犯的错误,她希望我们对这些错误做法提前预警。我考虑了一下,觉得这会让我们一开始就走错方向,所以我请求诺玛给我一点空间,让我以自己的方式主持第一次会议。她抱怨了一下,没有再说什么,因为之前是她要我来协调会议的。

我对于博姆(1989年)提出的、比尔·艾萨克斯(1999年)加以发展的对话类型有所体验,于是当时我的脑海里浮现出了这个主意。首先,我建议第一次会应该在吃饭的时候开,最好选一个不错的俱乐部或餐厅。诺玛认为这是一笔不必要的开支,但在我还没来得及争辩之前,计划会议上的另一位成员支持了我的想法,提议在他的波士顿俱乐部举办这次晚宴,于是我们就愉快地决定了。我准备让大家通过一顿饭非正式地彼此熟悉，同时模糊地提及我们的讨论主题——董事会和组织是否为开展筹资活动做好了准备。

为了个人化地处理这个问题，我采取的关键干预措施来自之前我在其他对话团体中学到的一个流程，也就是在开始对话之前，先进行正式的"签到"以确保每个人的声音都被听到，这便算是完成了第一次团体行动。我请诺玛和路易斯在我完成开场之前不要发表任何正式的讲话，因为我想试试这种特殊的开场方式。

我的适应性行动

吃完午饭，咖啡和甜点刚端上来，我就提醒大家注意，并说了下面这些话：

"为了让我们的讨论继续下去，我想请大家做一些你们可能觉得有些新奇的事情，但我认为以这种方式来开始我们的工作是非常重要的。我希望我们每个人按照座位顺序，从我左边开始，用一两分钟的时间发自内心地告诉我们，你为什么加入奥杜邦协会。在所有人发言结束之前，我不想讨论或打断。大家都说完之后我们再继续正式的议程。这需要花一点时间，但重要的是我们能听到每个人的心声。罗杰，你先开始吧？你为什么加入这个组织？"

第4章 谦逊的咨询始于第一次谈话

这种"签到"背后的逻辑是让每个人都做一个类似自我介绍的说明,即使工作组成员都是董事会成员,大家早已彼此认识。选择让人们"发自内心地"谈论他们作为机构一员的身份,其逻辑是使其身份变得个人化,同时还能根据人们说话的内容和情感强度获得必要的信息,这也能帮助我们推测工作组的成员对筹资活动的投入程度。如果工作小组热情不高,我们将不得不考虑推迟整个计划。

现场发生的一切可以用"不可思议"来形容。每个人,尤其是诺玛和路易斯,在轮到他们的时候,都热情洋溢地谈论着奥杜邦协会在他或她的生活中有多重要,机构在环保和自然教育方面发挥着多么重要的作用,每个人对帮助组织成长和发展方面的热情有多高。半个小时结束后,每个人都发了言,我们知道这个特别工作组已经准备好进入下一步的细致工作了。

正如我所观察到的,也正如后面谈话所证实的那样,这么做产生了意想不到的好处:诺玛和路易斯第一次听到了这个特别工作组的成员对于这件事有多么上心。重要的是,每个人都饱含情感,详细说明了自己对机构有多投入。这一番话,诺玛和路易斯都是第一次听到。要知道,以前他们只在董事会上和这些人见面,而这些人在会上往往很少发言。

伴随之后几个月规划工作的展开，我们认识到下一个问题是组织的工作人员是否准备好去完成筹资活动中不可避免的额外工作。特别工作组觉得我们的第一次晚餐会议如此有意义，便毫不犹豫地决定将类似活动推广到员工中。我们决定与15名左右的高级员工共进午餐，重复我们第一次晚餐时的做法。我说，我们所有人都可以在会议开始时，告诉大家我们为什么加入奥杜邦，特别工作组的成员可以先说，然后其他人也会给出他或她的答案，在场所有人都会发言。再一次地，我们发现员工对组织和筹资活动的支持程度之高令人十分振奋。

我们后来才知道，那次会议最重要的一个意外收获是工作人员第一次听到10名董事会成员讲他们为什么对奥杜邦有归属感。在那之前，工作人员对这些人的认知仅限于名字，也不知道他们对自己的组织感不感兴趣。此外，正如我们预料的那样，工作人员第一次了解到同事们对工作的投入和兴趣程度。该组织一直坚持1级正式角色的决策过程，从来没有真正举行过更加关注个人感受、动机和价值观分享的会议。

在团队情境中提问"你为什么对奥杜邦有归属感"的做法进一步被运用到其他员工会议上，并成为随后许多工作会议的重要开启方式。从所花费的时间来看，最开始这个干预看起来规模相对较小，但结果却产生了重大影响，因为这一做法对筹款活动的整个合作过程进行了个人化处理。活动以极大的热情启动，并在两年内成功地实现了筹款数百万美元的目标。

经验教训

- 当我最初决定用这种开场流程开始我们的特别工作组会议时，我有一种直觉，需要让每个人都说一些很个人化且融入了情感与承诺的内容。然而，我没有意识到，选择这个特定的问题会使整个团队向着 2 级关系发展，最终改善了董事会成员和诺玛之间的沟通。以前的关系友好但正式，现在彼此之间更加信任，董事会成员也能更开放地对诺玛分享他们的真实感受。

- 我认识到，如果你强制推行一种机制，你就是在冒险，但有时也值得一试。我愿意冒着被视为"矫情"的风险，也要让人们发自内心地说话，并坚持完整地听取每个人的发言，然后才接受提问、反馈或进行任何形式的讨论。我坚持实施这个过程，这既是一份个人化的邀请，同时也是对这个团队是否有能力和热情向前迈进的初步测试。通过要求人们发自内心地说话，我唤起了大家心中的情感，因为我想我们都需要在这个点上彼此看见，彼此确认。

- 在这个案例中，适应性行动是改变对话的性质，而这可能是处理复杂、混乱问题的最重要的方式。

案例 8 "剑桥居家"委员会：个人化的失败

一群朋友和熟人组成了一个小组，探讨当我们年老时不进养老院而居家养老的想法。我们见了几面，笼统地谈论了几次概念，觉得这个想法非常可行，我们决定成立一个工作组，名为"剑桥居家"。这能帮我们将想法以组织的形式实现。由于我是工作组中较为活跃的一员，而大家也知道我有团队和组织的工作背景，所以尽管我并非团队创始人之一，在团队中并不是地位最高的，但团队依然邀请我主持这个团队的工作。

我意识到我们团队八位成员的技能、参与程度和期待都各不相同，所以我决定让这个团队高度自治，给想说话的成员充分表达的机会。实际上，我在鼓励团队向 2 级水平发展，

第 4 章　谦逊的咨询始于第一次谈话

因为我认为对于这样一个志愿团体，除非成员们真正参与其中，否则不会很好地发挥作用。我仔细倾听大家的意见，无论谁需要，我都给他发言权，特别是当这个主题与我们的任务密切相关的时候。我通过这些方法推进成员的个人化进程。例如，我们曾经有过一场漫长的辩论，是关于在宣传册上放什么照片来宣传我们的团队和项目。一位意见特别坚定的成员占用了大量的发言时间，我允许他这样做，因为我认为他的参与非常重要。

在一次会议上，这位成员花了很多时间。会后，我收到了一位创始成员发来的电子邮件，指责我是一个糟糕的主席，"允许会上漫无目的地闲聊，放任毫无贡献的成员主导会议"。他宣称，尽管我拥有诸多组织和团队领域的知识，但在担任主席期间却表现出了"完全的无能"。他向其他几个创始成员抱怨，这使得我需要和另外两位创始成员单独讨论，考虑该怎么办。我向他们解释了我为何如此主持会议，"这样做是为了让成员感到他们每个人都被倾听了，这样他们才能适当参与，因为我们以后需要他们做出承诺"。

在这次谈话中，我上了一堂重要的文化课。与我交谈的两位成员在剑桥和波士顿各种志愿者和艺术组织中担任董事会成员，他们有丰富的经验。他们以一种友好而坚定的方式告诉我，他们非常理解我想要做的事情，但是大多数团体并不习惯这种开放式的讨论，人们更喜欢传统的会议管理方式。虽然我们在团体里需要承担不同的角色，但我们并不是真正意义上的彼此依赖，因而也就不需要达到我希望达到的那种个人化水平。我错在没有分析我们的任务，如果我做了分析就会意识到，高效、简洁的会议是他们习惯的，也能够充分满足任务的需要。

我们还讨论了那位严厉批评我的成员的动因，他很可能是因为一开始没被任命为主席而不开心。当时他是我们的财务主管，而且工作做得很好，所以没有人想到让他做主席。从他的角度来看，当他看到我管理不善时，他用唯一可行的方式合情合理地表达了自己的不满，那就是攻击我做主席的风格。后来我们找机会重组团体，解决了这个问题。当我们的组织进入第二个年头时，获得了一些资金，显然已经进入了一个新的阶段。曾与我讨论过领导力困境的创始人建议，让那位向我抱怨过的创始人担任主席，并做出了顾全我颜面的解释——项目启动之初，我适合担任主席，但现在我们主要从事商业活动，因此需要有财务经验和社会关系的人担任主席。他高兴地接手了工作，紧凑地开了一系列会议，而且据我所知，成员们对这个决定很满意，从那时起团体一直运作良好。

经验教训

- 我试图通过给每个人足够的时间发表自己的见解,以推进团体个人化发展,可这并不是这个团体的需求,也不是他们的目标。我们的关系并不是那么相互依赖,所以让啰唆的成员闭嘴,每个人都没有意见。我曾试图提供帮助,但没有向较高级别的成员询问过大家需要什么样的帮助。我径直扮演了医生的角色,但误诊了,还开错了药方。同时他们也告诉我,让整个团体接受主席并主动开始工作对于项目的启动很关键。我主动进入领导真空地带是正确的做法。大家发现这种干预很有帮助。

- 与现有文化不一致的活动或行为难以幸存。作为主席,我实行了一种开放式的会议管理模式,最大限度地让个人参与进来,希望充分倾听和支持每个成员的意见,从而达到我想让组员做出承诺的个人目标。但这个团体中的大多数成员都习惯了比较正式、有纪律的会议,没有我那些引导团体的经验，而且最重要的是，他们可能对在这个团体中建立2级个人关系不感兴趣。

总结与结论

本章着重讨论从最初的接触开始建立2级关系的重要性。我强调，这个过程始于你尽心为潜在客户提供帮助的承诺、你的好奇心，以及你对客户的关心。如果你只是自利地寻求这段关系对你的意义，那么潜在客户能够感觉到这一点，他们要么变得依赖，要么变得疏离，你们之间也只会维持在1级关系，他们也不会表露自己的真实想法。

这种关系的建立从你所说的内容、说话的语气以及对他人的态度开始，这些都将决定对方会对你说些什么，反过来又将决定你接下来要说什么，如此往复。恰恰是这种互动的"舞蹈"引导你和对方默默决定彼此是否可以一起共事，是否可以互相信任，以及是否可以适当地敞开心扉。

你可以通过选择从自己的反应模式来决定"舞蹈"何去何从。在谦逊的问讯和强烈的建议两个极端之间，你可以提出各种与因果分析、情绪反应、行动决策相关的诊断性问题。

第 4 章 谦逊的咨询始于第一次谈话

这些问题可以关于过去、现在或是面向未来。你也可以选择循环提问，借此引导某人猜测他人对某事有何反应。最后，你可以选择提出过程导向问题，让你和对方都关注问题的形成过程，或是关注对方希望工作接下来如何开展，或是关注你们的关系本身。

正如我在前文中给出的诸多案例所示，即使是早期的谈话也常常可以为客户提供全新视角、思考问题的新框架、真正有效的新创意，从而提供有用的帮助。

> ## 给读者的建议
>
> 假设一个潜在客户给你打电话，问你一个问题。请看下面各种回复，并将它们从你最有可能做出的回复到你最不可能做出的回复进行排序，然后问问自己："我为什么要这么说？"
>
> 潜在客户：沙因教授，……很高兴找到您。我们想请您为我们的组织做一个文化调研。我们觉得现在的问题是员工过于闲散，我们想知道在这方面我们的企业文化是什么……
>
> 1. 沙因：谢谢你致电。我乐意帮忙，只是不知道你们是否考虑过在这个时候做调查对公司的影响？

2. 沙因：谢谢你致电。你能告诉我你说的"闲散"是什么意思吗？

3. 沙因：很高兴能帮上忙，我脑子里有几个关于这些问题的调查，我们可以一起来整理一下。

4. 沙因：当然，员工闲散是一个很重要的问题，我想我能帮上忙。我们什么时候可以见面讨论这个问题？

5. 沙因：你想做什么样的调查？

6. 沙因：再多说一点……

7. 沙因：你为什么要做一个文化调研呢？你为什么认为这是一个文化问题？

8. 沙因：你有什么想法呢？你的困扰是什么？

现在和你的朋友或同事一起，比较一下你们的答案和理由，看看你们能否在各类问题的排序、在什么情况下使用这些回应等方面达成一致。这个练习的目的，是看看你们能否预测上述每个回应可能的结果。这里没有正确答案，也没有评分表，因为你说什么取决于你接听这通电话时的态度。

第 5 章
CHAPTER 5

个人化：强化 2 级关系

个人化是我们从陌生人变得熟悉、友好，成为队友，建立联结，以及以其他各种方式发展出我称之为 2 级关系的更高级的信任、开放关系的基本过程。从社会学的角度来说，这是我们在一定程度上放弃过去所习得的扮演正式角色、在公开场合以假象示人的过程。这是一个走下舞台，让我们的观众看一眼后台的过程。个人化是相互告知对方自己的故事——我们是谁，我们从哪里来，我们要到哪里去。这不仅可以让双方了解彼此的工作，还能让双方放松下来，远离一本正经的工作角色。

个人化是一个只能循序渐进的过程，否则会变得很危险。如果我们自我展示太多，暴露了太多个人的"后台操作"，与我们在公共场合宣称的自我形象有差异，这就带来了被他人利用的风险，或者遭遇羞辱，或者被他人"看透"，就像《绿野仙踪》中所讲的一样。如果个人化跨越了正式的等级或地位界限，就会变得特别危险。比如和对方一起用餐小酌时，双方暂时处于平等的地位，其间就可以询问或是谈论一些在1级关系情境下可能会让对方感到被冒犯和不被尊重的事情。

如果想保持距离，我们应该避免进入诸如吃饭之类的非正式情境，始终"穿着制服"，以显示我们的地位和角色，就像穿白大褂的医生那样。一些拓展训练项目发现，让团队成员在共同冒险的过程中告诉彼此许多私人生活的细节，虽然当时很有趣，但事后很多人都觉得后悔，还导致团队中出现意料之外的紧张气氛。问题就在于这些成员个人化程度太深，大大侵入了与工作角色无关的家庭和其他领域。

停留在1级关系中是安全和舒适的，因为环境和角色关系是可预测的。如果你的医生对你说"我们出去散散步、聊聊天吧"，你可能突然发现自己进入了无法预测接下来会发生什么的境地。你可能会焦虑，也可能会高兴或者生气，因为你不知道这是否属于付费项目，但不管哪种情况，你不知道发生了什么。在更加个人化的层面上了解别人是一个渐进的学习过程，它是分阶段的，不会自动发生，而且它包含了一系列的测试。如果我们更多地展示自己，我们还能和对方融洽相处吗？如果我把真正的心里话说出来，对方会感到震惊、冒犯或不接受吗？当别人告诉我关于她的事情时，我该做何反应？如果我让自己变得脆弱，我会被利用、被羞辱吗？考虑到所有这些危险，为什么还要给自己找麻烦呢？

为什么要将帮助关系个人化

我认为，只有当问题清楚明白，客户能明确地将问题传达给帮助者，同时帮助者具备解决问题的必要技能时，1级关系的帮助才能真正发挥作用。然而，我们今天遇到的组织问题往往很复杂，以至于我们无法一开始就弄清楚问题是什么，而且如果涉及等级边界，那么下属或客户很难表露他们的真实想法。关于某个特定角色的言谈举止规范和文化隐性假设也常常会破坏沟通。在这些情况下，我们需要找到推进个人化的方法以便开诚布公地沟通，找出客户真正担心的问题及应对方法。下述案例将有助于说明这一点。

案例9 帮助麻省理工学院个人化教学

在1969年至1971年期间，我做了一份特殊的工作，叫"大学生规划教授"。麻省理工学院当时正在经历一个变革时期，所以斯隆管理学院的前院长霍华德·约翰逊邀请我为本科生项目中正在开展的各种变革工作提供帮助。我作为一个独立的变革专员与各位教授合作，尝试在他们的课程中实施各种创新。

触发这些变革的起因是学校发现在本科初期，竞争就已经形成，学生在这样的环境里超负荷地学习，精疲力竭。导火索是学校发现学生废寝忘食，终日待在实验室里，不回宿舍。当我接手这项任务时，许多变革已经在推进了，但是约翰逊觉得一个拥有变革管理技能的人参与进来，会有助于各位教授实施各种创新。

其中一项主要变革是缩短学期，在圣诞节前结束一个学期，这样学校就会宣布1月为"独立活动期"，鼓励学生在此期间休息或参与更多娱乐活动，以减轻课业压力。学校向学生做了说明，还举了例子："在独立活动期，不能从事学分修习等相关活动，但如果你想和你的教授一起去滑雪，那么是可以的。"变革发起者可能从未想过将这些变化称为学习过程的个人化，但事实就是如此。以往的课程、课堂过于正式，教学管理部门认识到，如果能将学习过程个人化，学生会学到更多东西。另一项变革是，在一些新生必修课程中用及格/不及格/未完成三个选项取代正式评分。

新生数学课问题

我一直敞开大门,欢迎学生带着他们的抱怨和担忧前来咨询。于是麻省理工学院的不少新生前来抱怨:在他们的数学课上,研究生助理走进来,径直在黑板上书写方程式,演示如何求解方程式,并问他们有没有问题,然后不加解释地给出答案。学生们感到很惧怕,不敢问问题,而且即使他们提出了问题,得到的回答也很简短、正式,他们往往难以理解,但又因为害怕或不好意思而不敢承认自己并没有理解。他们想要更有安全感,并且更多地了解助理:他从哪里来,为什么他学数学,他如何不费吹灰之力地解决问题(那个时候,这些助理都是男性)。

我和助理们见了面,告诉他们学生的抱怨,并提出了一个建议。我鼓励他们下次上课前,透露一些关于他们自己的事情,并明确鼓励学生在课堂上询问更多关于他们个人的问题。他们起初反对这个建议,认为这不合适——他们是教师,必须保持自己的权威;他们还担心,如果不保持正式的(1级关系)距离,他们可能会失去对课堂的控制。然而,他们同意在接下来的会议上尝试告诉全班一些关于他们自己的情况,如他们为什么选择数学,以及他们一开始是如何努力理解一些数学问题的。

结果立竿见影，引人注目。研究生助理报告说，当他们告诉学生更多关于他们自己的事情时，他们发现不仅课堂变得更加轻松、有趣，学生实际上也学到了更多。现在，学生们可以更有安全感地提出"愚蠢的问题"，承认他们在数学学习过程中遇到的困难。我们在教学研讨会上集体学到的是，地位较高的人必须通过个人化来创造一个安全的环境，并且在某种意义上，通过先行揭示自己的一些情况，让沟通更加开放、彼此更加信任。

经验教训

- 我了解到，我们可能会陷入 1 级关系的循规蹈矩之中，而对某个特定角色应该如何履行职责做出各种假设。通过与助理们共同讨论，我给出尝试不同方法的建议，每位助理可以在不违反规定的情况下尝试新的方法。如果我们不是一起探索，那么他们可能不会想到这么做，或者没有勇气做不同的事情。而当大家聚在一起时，我们就能一同决定试着采取一些小的适应性行动，看看效果如何。

- 我还了解到，更个人化、非正式的课堂有益于正式的学习，背后的原理是学生能感受到心理上的安全。你必须感到足够安全才能问出愚蠢的问题，承认自己其实并没有真正理解。只有地位更高的人先主动打开局面，你才能有这份安全感。

建立物理学习社区

两位物理学教授决定做一个试验，将选定的一组物理学专业的学生聚集到一个单独的教室和实验室环境中，除了晚上睡觉，学生们将全天待在一起。我受其中一位教授之邀来帮他建立社区，特别是帮他弄清楚社区应该采用什么样的治理结构，参与社区运作的学生人数多少为宜。当时我并没有意识到，这里的问题很明显：在社区成员年龄、身份和水平不同，并且教授和助理需要对这些成员进行评估并正式打分的情况下，我们应该鼓励这个社区进行多大程度的个人化。随着社区在大二一学年的发展，社区不仅需要制定内部相处的日常流程，还需要应对和管理随着彼此个人关系进一步深入而衍生出的与其他学生团体和学校教员的（2级）关系，而这是该社区所特有的。

我的主要任务是观察、倾听并提出问题，提醒教授注意他所引发的问题，然后帮助他找到解决这些问题的方法。最棘手的问题是如何处理对学生而言不切实际的要求和纪律。我发现自己经常提醒教授和工作人员，如果他们真的想让学生参与进来，他们就必须让学生进入社区的管理机构，让学生发出他们的声音，表达他们认为社区应该如何创建和管理跨越所有年龄、身份和水平界限的 2 级关系新规范。这个学习社区多年来运作良好，主要在于高级教授适当授权，并且愿意个人化地处理与学生的关系。

经验教训

- 对于我和其他教授来说，最困难的部分是学会聆听学生的心声，并真正地理解他们。对我来说，好奇和助人的愿望是这个学习过程中必不可少的。几年后，我在一次特别的高年级研讨会上证实了这一点，当时我正在带领一群已经获得课程选修自主权的学生。在我们彼此坦诚相待之后，一个非常聪明的非裔美国学生说出了他的一个秘密愿望——他十分渴望成为一名芭蕾舞演员，而这是他从未向麻省理工学院任何人提及的。他自始至终都知道这一点，但从未觉得足够安全能透露这个愿望。我们知道了他的愿望后，就迅速与波士顿当地的芭蕾舞团取得联系，帮助他进入了某个大公司并取得了非凡的职业成就。

- 一旦我们被允许打破1级关系中与角色相关的规则，我们就会惊奇地发现我们对彼此可谓知之甚少，而所知的这些内容其实与和谐共事并顺利完成任务息息相关。

改进教育政策委员会的工作

我曾任职于教育政策委员会，该委员会的主席是一位物理学教授，他的太太是另一所大学的社会心理学教授，因而他非常清楚地知道什么时候我能派得上什么用场。我们花了很多时间讨论麻省理工学院的变革计划，以及委员会可以如何为变革做贡献。在我加入委员会六个月后，他让我组织一个为期半天的会议，带领大家讨论委员会应如何改进自身的运营，这让我很是为难。

我真的不知道如何让这些教授开口谈论自己，以及对团体流程发表看法。我们是一个处于1级关系、严格按照罗伯特议事规则行事、任务导向性的正式团体。我不知道接下来会如何，但在会议开始时我还是给每人发了一页评估问卷，请每位成员根据自己对团体的满意度，在 10 个维度上进行评分（5 分制），如团体做决定的方式、参与水平、问题分析深度等。我把这 10 个维度画在一张挂图上，每个维度旁边都标有 5 分的评分标准。当大家完成了他们的评分后，我说"好吧，咱们看看每个人在第一个维度上给团体打分多少"，然后让每个人说出自己的评分。我明确表示希望他们公开分享他们的评分。我利用会议临时主席的权威，在流程上鼓励成员坦诚、开放。然后我们继续第二个维度，就这样，直到面前的图表完整地呈现出所有人在各个维度的打分。

从这一刻起，我什么都不需要说了。这个团体像饥饿的狮子一样扑向这些数据，并在接下来的几个小时里做了一项了不起的工作，他们分析了自己评分背后的意义，以及他们将如何利用这些结果来制定这个团体未来的工作新规范。就这样，非常偶然地，我开发了一个教授们既擅长又喜欢的流程。

经验教训

- 我认识到，我们必须将变革议程与变革参与者想做的事情，或者至少是他们知道如何做的事情挂钩。如果让成员选择的话，他们可能不会选择用半天的会议来分析委员会的工作方式，由于我让他们以一种他们擅长并且享受的方式工作，他们发现这个任务相当有趣。如果我在会议开始时就说"我们今天上午的工作是对委员会的工作方式进行审查"，那么我无法想象会议会开成什么样子。至少我能想象，会议可能被有限的几个声音主宰，并且可能相当流于表面。我设计了这样一个收集数据的流程，让所有成员都拥有平等的发言权，并让他们开始共同分析。回想起来，我要求每个成员大声地说出他们的评分是很重要的一步。这样每个人一开始就都有了发言权，而委员会会集中处理这些数据。过程回顾对于学习必不可少，但是在如何建设性地进行过程回顾方面该团体还是需要一些帮助。

- 1级关系的工作小组和团队可能希望提升他们的职能，但他们没有概念性的工具让他们知晓如何才能做到这一点。也许咨询顾问可能需要向他们提供一组工具作为启发,如"决策制定""参与"和"领导力",这些足以让团体启动流程,开始自我回顾。过程性的工具,就像一起吃饭或一起游戏一样,能有力地推动个人化的进程。

跨文化的个人化过程

这些年来,我最喜欢给斯隆学员(Sloan Fellows)讲课,他们都是即将从事更高级工作的年轻的工程师和管理人员,通过两年的全日制学习将获得硕士或工商管理学位。我讲授的是星期五上午的组织研究课程。该项目特别引以为豪的是,多达40%的斯隆学员是非美国籍。这些非美国籍的斯隆学员必须说英语,受到的待遇也和美国籍的斯隆学员一样,因为大家都住在同一个社区,拼车上下学,共同参加许多社交活动。但我有一种明显的感觉,虽然斯隆学员在课堂上展现出了诸多文化差异,但我们从未开展过任何活动加深对彼此文化的理解。特别是我注意到,通常学校推荐的文化学习活动都是1级关系类的活动,这些活动谈论的是不同文化在日常生活上的差异,以及为了不冒犯来自另一种文化的人我们必须避开哪些误区。我决定利用某个晚上做一次试验，提升个人化程度。

我在周五向全班同学宣布，下周二晚上我将为有兴趣尝试不同事物的人开设一门跨文化人际交往课。周二晚上，大约有30个学员出席。我告诉他们，今晚我们会做一些更深入的事情，请做好准备尝试新事物。我这么说的用意，其实在于营造一种氛围，既让大家受到告诫，又勾起他们的好奇。然后，我说了以下一番话。

我：在接下来的半个小时里，你们将两人一组，互相探讨，然后一起总结，再重新分组配对。我希望每一组的两个人都来自不同的文化，请你们彼此询问对方文化中让自己真心困惑的问题。我知道你们都在这里待了一年了，一起做过很多事情，已经很了解彼此了。但我猜想，可能还有一些关于对方的事情是你很想了解的，但因为担心冒犯别人而不敢询问。

今晚试验的重点是允许彼此提出这些问题，并利用这个机会互相介绍各自的文化，说出之前自己没有机会说的话。接下来的半小时咱们先试试，你们自己配对，然后就可以开始了。

学员：应该提我们课堂行为方面的问题，还是私人问题或者家庭问题呢？

我：可以是任何问题。我允许你们问一些你们感到好奇、很想知道但又担心会冒犯对方，或者因为问题太过私人化而觉得自己没有权利提问的问题。我允许你们提问，并鼓励大家相处的时候更加个人化，尽管这么做有一定的风险。

（之后，小组成员配对，开始交谈。我注意到所有搭档都非常投入，30分钟后很难叫停。）

我：怎么样，你们现在想更换搭档试试吗？

学员1：我们很受这段对话的启发，如果可以的话，我们想维持现有配对。

学员2：我们也觉得不错，但现在想换一个搭档试试。

学员3：我们中间有一些人想组成更大的小组向约翰提一些问题。在刚才的配对组合中，他非常愿意分享来自亚拉巴马州佃农家庭的他是如何进入企业，成为一名成功的职业经理人的。我们可以组成一个更大的对话小组吗？

我：很明显，你们每个人都有不一样的体验，也有不同的需求，所以在接下来的一个小时里，你们可以各自决定如何继续。我会在房间里四处转转，看看是否有同学需要指导。

（在接下来的一个小时里，这些小组自发地配对，又适时地重组，互相提出了各种各样的问题。有五个人聚集在约翰周围，倾听这位非裔美国人主动讲述自己的故事。我再次注意到房间里人们纷纷情感涌动。最后，我把所有人召集到一起，询问整场情况，得到了一致的积极回应，"我希望我们能早点这么做"。与约翰沟通的那群人尤其感激这次交流的机会让他们更深入地了解了约翰，知道了他实际上非常渴望能把自己的故事讲给同学们听。)

经验教训

- 在我看来，最为惊人的是一个在官方层面"彼此非常了解，有许多共同经历"的多元文化团体，其成员相处起来仍然只能达到1级关系水平。他们作为同学和社交上的朋友，彼此了解，但他们从未允许自己跨越文化边界，让关系更加个人化。活动中结成小组的一些同学在这一年中有所突破，通过相似的育儿经历或一起出门旅行成了更广泛意义上的朋友。但是即使生活中两个人经常一起吃饭，也并不代表他们就能打破"对话不要谈太多隐私，小心冒犯别人"的障碍。

- 要想跨越等级、职业或文化边界实现个人化，就必须有一种机制来确保其安全性——我称之为"文化岛"。在这个岛上,要么当局者允许违反某些文化规则,要么团体主动创造这种氛围(Schein,2010)。正如下面的案例所示,组织有时会设计特殊的活动,以尝试营造个人化氛围。

案例 10 汽巴-嘉基的参与程度

汽巴-嘉基公司是一家总部位于瑞士巴塞尔的化学和制药公司。在我与其合作的五年里,我明白了如何根据客户系统的文化规则调整自己的工作模式。在我最终和他们发展出的种种关系中,有一些属于僵化的 1 级关系,因为我是麻省理工学院的博士、教授、专家;还有一些属于 2 级关系,是在首席执行官和他的一些下属的有意推进下形成的。

与首席执行官的个人化过程

我乘坐头等舱从波士顿出发,在航班上睡了几小时,享受了丰盛而精美的晚餐和早餐之后,抵达苏黎世机场。接待我的是朱尔格·勒波尔德博士,他是公司管理发展部的负责人。他曾在 1977 年的一次会议上听过我关于职业锚的研究——研究结果表明，即使是同一职业的人，对于为什么从事这一职业也有不同的自我认知（Schein and Van Maanen，2014）㊀。听完我的演讲后，他决定聘请我在汽巴 – 嘉基全球高管的下一次年会上发表演讲。

我们友好地进行了几次商务（1级关系）电话沟通，然后他邀请我与他们的集团主席兼首席执行官山姆·克希林见面，彼此认识一下，同时"看看我们之间是否来电"。勒波尔德向我解释说，克希林来自巴塞尔一个古老的家族，拥有纯正的瑞士 – 德国血统，但他大部分时间都在美国子公司工作，也习得了许多美国价值观。其中一条，就是要为他的高级管理层引入新观念。

我被直接送到了克希林在巴塞尔郊外的乡村别墅，作为贵宾受到了热情款待，他们邀请我和他及他的家人们一起待一天半。在那里，我认识了克希林夫人，与他们全家共进晚餐，并花了很多时间与克希林博士谈论他的需求——他想让执行团队明白公司需要更多的创新和创意，这不仅是公司生存的必要条件，也是所有高管都应具备的能力。他担心只有公司的科学家或实业家认为自己有创造力，所以当他了解到

㊀ 职业锚理念的提出及本案例均发生在20世纪70年代，2014指的是沙因与范梅南在2014年出版的新书《职业锚：变革时代的职业定位与发展》中重申了这一理念。——译者注

职业锚理论时,他立即注意到任何一种职业锚类别中的人都有可能成为创新者。他希望我的演讲能强调不论哪种职能的管理者,都能具备创造和革新的能力。

克希林和他的计划特别小组还想让我以讲座的形式介绍职业锚手册中的一个练习——职业/角色规划。这个练习能够让从事某一工作的人找出哪些人对他的工作抱有期望,然后自行分析哪些地方角色有些模糊、可能产生冲突。克希林告诉我,他会要求公司最高三个层级的管理者在一年之内全部完成此类分析,他还想让他们的下属也进行职业锚练习,并基于此对员工的年度职业规划进行讨论。为了促进这些讨论,他将指派一名会讲德语的美国经理翻译职业锚手册,以便让英语不流利的经理在会前阅读资料。我做演讲时,会让包括高管甚至是外部董事会主席在内的参与者们两两配对,完成职业锚访谈,这样他们就清楚自己的职业锚了。

我们对彼此感觉良好,所以我参加了那年在巴塞尔举行的年度会议,以及随后为期两天的季度后续会议。结束后我被送往机场,乘坐头等舱飞回家,等待四个月后的夏季会议。

第 5 章　个人化：强化 2 级关系

经验教训

- 作为一名顾问，这段经历对我的影响是巨大的。不光是头等舱的体验，还有走近了首席执行官的私人生活，这些对我来说都是特别的。这也给了我们一个真诚地建立 2 级关系的机会，让我可以了解到克希林做这个项目的真正目的。他想把我的想法和相应的练习融入他组织的日常工作流程中，这让我既惊讶又高兴。

- 肯·奥尔森通过邀请我做讲座，介绍我认识了 DEC，然后又邀请我加入了他的团队，而山姆·克希林邀请我到他家做客，然后请我为他的团队做演讲，并计划让我带领大家做练习。这两者之间的反差是惊人的，也启发了我开始对组织文化的思考。不仅两家公司氛围完全不同，而且我还认识到，尽管我在勒波尔德博士那里体会到了瑞士人典型的刻板和拘谨，但这并不妨碍他们几乎立即又走到另一个极端——热情地邀请我去克希林家做客。这让我意识到在不同的民族文化中，何时以及如何推进个人化进程的规则是完全不同的。

夏季年会的 1 级关系正式准备

在去瑞士图恩湖的迈林根度假胜地参加夏季年会前,我有几个月的时间待在麻省理工学院。其间,汽巴-嘉基公司负责翻译我那本小册子的经理第一次拜访了我,我从他那儿对公司有了进一步的了解。他是汽巴-嘉基美国子公司的高级经理,据我所知,汽巴-嘉基年收入的三分之一来自该公司。他还提醒我,昆兹先生会来正式拜访我,而这位先生会负责规划、组织并主持为期三天的年度会议。

昆兹先生非常正式,要求很多,做事严格。我得准备书面演讲稿,以便公司提前将其翻译出来,在我演讲时分发给大家。汽巴-嘉基公司的官方语言是英语,但并非所有参会者都能灵活运用。我还要提前一个月准备我的幻灯片以便他们后面翻译。公司员工向我简要介绍了会议的机制,并告诉我可以待上三天,参加别的活动,包括第三天的一些娱乐活动。准确地说,我们的计划是对所有人保密的,好让大家都可以享受到一份惊喜。

经验教训

- 我已经习惯了过程顾问的工作,所以这种让我扮演专家角色的形式主义做法让我大吃一惊,也让我不适,因为这完全不同于克希林更个人化、非正式的做法。我做过演讲,但从未被要求在一个大型公司的高管国际会议上负责安排一整个下午的正式练习。在以前的工作中,我更多是回应听众和即兴发挥。但在这个场合,我没什么自由发挥的空间,因为在他们看来,精心的规划和干净利落的执行才能保证任务的完成。我估计他们也不会允许我改变这一点,但我很清楚自己心里的想法:我希望会议期间大家可以放松一些,这样我就可以不仅仅通过讲课来帮助他们。

第一次年会期间的 1 级帮助

在迈林根度假胜地,我作为来自麻省理工学院的外部专家教授受到了极大的尊重,大家认为我应该对世界各地关于人事、劳动关系和职业发展的各个方面无所不晓。当时我并没有意识到我被寄予了如此厚望,但人们期待我了解所在领域的所有知识，这反映出汽巴－嘉基公司文化中有一个重要假设：一个管理者应该完全胜任自己的工作，一个教授应该了解自己所在领域的一切。

演讲、配对和相互访谈的练习进行得很顺利，所有参与者都投入其中，甚至连董事会主席也是。会议的大部分时间都被用于讨论职业锚和工作/角色规划的问题，克希林下达命令，不仅要求与会的50名左右的高管，还要求他们的下属围绕自己的工作进行工作/角色分析，并安排下一级别的人员也这样做。我鼓励他们让自己的下属做职业锚，这将使公司与员工进行年度职业发展讨论时，双方能基于一致的理念，使用共同的语言。

在用餐场合，我认识了许多高管，并且通过参加其他活动，聆听主要国家集团的进度报告，对汽巴－嘉基公司也有了更多了解。最后一天下午和晚上的惊喜活动是射箭。安排这项活动是为了让我们所有人都处于同一起点，谁也不比谁强。我还发现这是他们的特意安排，好让团队中的个人化进程得以推进。当我们互相嘲笑完彼此射箭时的笨拙之后，我们被带去参加一个特别的"汤姆·琼斯晚宴"，晚宴提供的是中世纪风格的食物，我们都得用手进食。这让所有人的地位更平等了。大家进行了一番即兴演讲，董事会主席拿他自己的职业锚打趣,大家喝了很多啤酒和葡萄酒,都觉得其乐融融,志同道合。

总而言之,这是一次令人难以置信的成功的振奋士气活动,不仅是因为他们采纳了我的观点,还因为我知道了我可以以专家的身份与这样的团队一起工作。克希林表示他希望我每个季度去拜访他们一次,与勒波尔德博士就未来职业发展的问题进行合作,他希望我多认识内部董事会成员,还让我准备明年还来参加年会。在我每个季度的拜访中,我会见了公司内部董事会的各位成员,他们实际上就像联席执行总裁。他们热情、友好,是尽责尽职的东道主,但他们仅仅在他们认为属于我专业领域的问题上,向我寻求帮助,要我提供意见或信息。

经验教训

- 我了解到个人化的含义因文化而不同。显然我已经和克希林建立了2级关系,因为我可以问他感觉事情进展如何,他的目标实现了没有。反过来,他也可以和我分享他的一些担忧:如果公司高管不能变得更有创意,也不能意识到生产力的重要性,他们就把握不住公司的未来。

- 我了解到，如果你被固定在专家的角色上，个人化进程就不太容易推动，因为此时暴露任何个人信息、谈论任何个人问题都会被视为不当之举。即使在非正式场合，我们一起玩耍、一起吃饭的时候，我也感觉到彼此必须保持职业距离。我们可以一起欢笑、一起玩耍，但我清楚地感觉到，即使在公司高管之间，他们也是小心翼翼地维持着彼此之间的 1 级关系。

在第二次年会上协助重大改组

我参加了第二次夏季年会，任务是加强与会人员的职业锚和工作／角色规划。但事实证明，第二次年会需要我担任不同的专家角色。克希林和内部董事会决定进行重大改组，包括大幅度削减化学部门、加强制药部门，并着手执行各种成本相关的人事决定，包括对所有子公司进行大规模裁员。

内部董事会认为，高管层没有意识到汽巴－嘉基公司财务状况的严重性，因此他们聘请了一位哈佛商学院教授作为外部董事会成员参加这次会议。教授的任务是让公司高管相信他们正处于危机之中，所以他们必须启动一个重大的变革项目。在教授说服大家相信公司面临目前的金融危机，不得不进行大规模的裁员和重组之后，内部董事会要求我向他们提供一个变革流程的模型，好让他们开始评估下一步该采取的行动。

我做完以变革为主题的演讲后，我把大家分成几个问题解决小组，请他们学习如何设定变革目标，并对与实现目标相关的因素进行力场分析㊀。我们回顾了小组的报告和模型以巩固他们的变革思维。我向他们着重阐述了我在分析个人、团队和组织变化时基于勒温变革模型开发的模型（Schein and Bennis，1965；Schein，2010），这个模型已经成功应用于文化变革项目。我运用自己的专业技能，为他们提供了一系列可行的步骤：①分析可能出现哪些推进和阻挠目标变革的力量；②视变革为适应性行动；③设定变革目标；④将这些目标组织成聚焦的项目以实现变革；⑤注入信心，让大家相信变革确实可以实现，这一点最为重要。

大家提出了许多好想法，彼此分享后，执行团队也对重组感到有信心。然而各区域集团确实注意到，巴塞尔总部人员严重冗余，必须大幅裁员。内部董事会采纳了各小组提出的所有建议，根据这些建议形成了25个项目，每个项目将由

㊀ 由美国心理学家库尔特·勒温提出。——译者注

一名董事会成员和一个精心挑选的由高管组成的特别工作组推动。

我在每个季度的拜访过程中帮助内部董事会管理这些工作组。实际上，我已经是一名成功的过程专家和教练，帮助过许多个人和团队解决了当下的问题。我还可以为特别工作组的领导者提供他们认为需要的任何教练式的帮助，我们会进行几个小时的对话，其间我的主要职责是反思、重组议题框架并对项目组的管理提出建议。

在这些拜访过程中，组织文化其他层面的内容也浮出水面，它们强化印证了我更深层次的猜想和假设：这家公司的员工唯一愿意接受的帮助，就是来自外部专家或上级的专业信息。在这里，寻求帮助会被视为工作能力不足。最戏剧性的一幕是一个刚刚和我一起花了几个小时讨论如何管理特别小组的高管与我擦肩而过时，我向他点头打招呼，却发现他好像不认识我一样看着我。勒波尔德博士解释说，与外部顾问交谈的高管可能会被同辈视为无能之人，所以他们绝对不想让人知道！

另外一件事也体现了这种文化。我和许多经理谈过他们的裁员方法，得知他们中比较成功的经理总是亲自向对方告知这一消息，并为对方提供许多支持和帮助。就此我撰写了一篇文章,名为《裁员备忘录》,并请勒波尔德博士将其分发给其他可能需要的经理。有一天,当我在一次季度访问中为一位经理提供咨询服务时,发生了下面的对话。

经理:欢迎您,沙因教授。您知道我们必须裁掉很多人。我想知道就裁员的最佳方式,您有什么建议?

我:你看过我的备忘录了吗?里面写了我发现的一些有效的裁员方法。其中很多方法都是我从你们公司其他经理身上学到的。

经理:我没看过。

我:我在上一次季度拜访时把它留给了勒波尔德博士。

经理:我现在就打电话问问。

(他给勒波尔德博士的秘书打电话。)

经理:贝克夫人,请打电话到勒波尔德博士的办公室,问一下沙因博士写的《裁员备忘录》。

(几分钟后,她回了电话。)

秘书:是的,我打过电话了,他们说的确有一份备忘录,他们马上就让人送过来。

(我们继续谈话,10分钟后,一个人带着我的备忘录来了。我很好奇这份备忘录以前为什么没有发给这个项目经理。)

与我交谈过的其他经理也没有看过我的备忘录,这让我很奇怪，不知道为什么备忘录没有分发出去。我当时正在和汽巴-嘉基公司的一位内部组织顾问共进晚餐，便向他提出了这个问题。他表示自己也有过类似的经历，对此很有共鸣。当时他为某个部门的经理开发培训项目，他发现虽然培训非常成功，但其他部门的经理似乎对这个培训并不知情。为什么信息不能在上下级、同级之间更顺畅地传递呢？

我的同事分析认为，这家公司内部有一种特殊的风气，也许这正是问题的根源："我的工作是我个人的事情，由我自己掌控，我不需要未经请求的帮助。如果谁擅自给我的工作提建议，就好比不请自来地闯进我的家一样！"

我意识到，当我对勒波尔德博士说"请分发这份备忘录"时，我是在要求他做一些与汽巴-嘉基公司的文化相悖的事情。我相当于要求他冒着得罪各位经理人的风险，在他们没有提出需要备忘录的情况下，把我的备忘录分发给他们。而当公司经理们终于提出要求的时候，他就立即让人把备忘录送来了！

我和同事接着解读了该公司的其他一系列文化表征，进而得出了这样的结论：强烈的工作所有权意识和因此建立的壁垒导致了两个主要后果，①经理们强调自己完全胜任工作，强调自己对相关情况非常了解；②有关创新、指导方针、列表清单和其他零碎的"帮助"信息无法在公司内流通。只有当最高管理层通过系统强制执行某些措施时,这类信息才会传达到每个人手中。这太讽刺了,如果我之前知道公司内有这样的风气,我就应该早些从勒波尔德那里拿到他认为会需要这份备忘录的人的地址,直接从麻省理工学院把备忘录寄过去。那样,经理们肯定会非常感激我的帮助,毕竟我是公司花钱雇来的专家,这会让他们觉得这钱花得值。我的建议他们可以接受,但如果由勒波尔德发给他们我的备忘录,他们会觉得勒波尔德把他们当成了需要帮助的人,他们是不会承认的。公司文化总是在无意识中发挥着作用,以至于勒波尔德全程都没有意识到这一点。他认为我说的"分发"的意思,是当经理提出的时候再发给他们。

在第二次年会结束时,我们又进行了一次有趣的郊游,这次的运动为"嗡嗡球"比赛⊖。运动要用的工具是一根坚硬的短棍,短棍末尾用两英尺⊜长的皮带连接一块敲击用的硬木,我们要手持棍子挥舞着硬木,把一个铁球敲进练习场。我感觉用这种工具打球,连碰到球都难。

⊖ 瑞士的一种体育运动,Hornussen。——译者注
⊜ 1 英尺 ≈ 0.30 米。

经验教训

- 至此，我对于 1 级职业关系的主导程度、诸多限制和尴尬影响已深有感触。1 级关系使我们很容易提出建议，但是我从来没有认识到经理们心里真正的担忧是什么，以及我给出的建议是否真的有用。

- 我还了解到，即便做了大量的观察，一些微妙的文化元素也还是很难被外人解读。直到我问了勒波尔德博士和我的组织发展同事，我才把我观察到的一些行为弄明白。正如民族志学者所发现的，只有内部知情者才能帮助我们真正理解文化。

第三次年会与文化讲座灾难

在第二次访问结束时，克希林请我对汽巴－嘉基公司的文化进行更正式的研究，因为他相信，这将有助于该组织在实施变革项目时更了解公司的文化。这个特别的项目深深吸引了我，因为组织文化已经成为我的主要研究兴趣。克希林给了我一个礼物：研究他的组织，在 1981 年的年会上汇报相关数据，并描述可能给变革项目带来的影响。这是一个多么好的机会！但事实证明，这真是个陷阱！

我很好地总结出了推动汽巴-嘉基公司发展的关键假设，这些假设与公司的历史、与瑞士-德国的文化有关（Schein，2010）。显然，公司里对形式的看重和精心规划与下列因素有关：第一，受化学制品和生物制品行业的特性限制；第二，与国家文化有关，汽巴-嘉基公司所有的管理人员都服过役[⊖]，他们在军队里培养出的纪律性进一步强化了这种文化。而他们的自我认知也推动着这家公司不懈努力——他们认为自己是一家从事着重要事业、为全世界的利益服务的公司。我在向公司展示我的结论时使用了许多具体的例子，我看到很多听众频频点头，但我没有预料到听众中还有不同声音。其中有一些来自内部董事会的高级管理人员，他们对几点颇为不满，尤其是公司文化与瑞士军队有关的观点。

在问答环节，其中一个人说："沙因教授，你完全搞错了，你根本不了解军队，也不了解汽巴-嘉基公司的文化！"其他人也纷纷加入讨论，一些人同意他的看法，一些人反对，这使得听众两极分化，最终导致一些董事会成员提议我未来的咨询任务应该只限于与管理发展小组一块工作。在一些关

⊖ 瑞士实行全民兵役制度，所有成年健康男子都必须服役，女性与男性有着同样的权利。——译者注

键人物看来，我显然没有发挥专家的作用，不幸的是，执行小组内部两极分化，这使得变革项目中需要认真考虑的文化相关主题讨论无法进行下去。后来我凭借全球变革项目指导委员会的支持多少挽救了我的"过程专家"角色。该委员会里有一些成员属于内部董事会，他们认为我的方向把握得很好，希望我能继续帮助他们管理大约 25 个正在进行的重大变革项目。

与此同时，克希林病倒了，不再积极地参与管理，导致内部董事会缺少一个强有力的领导。接手的人不是那种瑞士老派科学家，他对我的文化分析很认同。他向同事提议让我以多种身份角色继续工作，这一提议被接纳了。但另一方的"复仇"也在进行着，他们想借着总部裁员的机会将勒波尔德博士辞退。幸而，汽巴－嘉基公司还有一个文化元素是对员工非常关心和支持，所以公司会让人体面地离开岗位。综合这些情况，他们建议勒波尔德继续担任顾问，研究早期海外派遣对高级管理人员职业发展的影响。他们有大量的统计数据和历史数据供他分析。我还是顾问的角色，做这个项目的"科学顾问"，"以确保研究符合正式的科学标准"，同时我与勒波尔德的继任者，管理发展部门的新负责人乔·韦尔斯一起非正式地共事。韦尔斯是一个随和得多的加拿大人，这使我们在接下来的几年里发展出了更私人的 2 级关系。

经验教训

- 在大多数情况下，汽巴－嘉基公司能接受我作为"内容专家"与他们合作，但随着文化演讲的开展，我陷入了"医生"的角色，试着给他们的组织进行诊断。这是他们不习惯的干预类型，导致组织中不同成员产生了全然不同的反应。我下定决心，以后无论何时涉及文化，我都会帮助内部人员做自我诊断，但我不会再陷入在客户面前谈论其自身文化的陷阱。

- 几年后，一个两难的局面再次出现。汽巴－嘉基公司的美国子公司要求我给美国团队做"巴塞尔演讲"，"基于我已收集的大量数据，可以让他们更清楚地了解巴塞尔的情况"。美国团队很好奇，我的描述为什么那么符合他们对自己的感觉，这也导致了一个令人震惊的结论。在我递交分析报告之后，他们说："我的天啊，您对我们的描述堪称完美。"他们没有意识到汽巴－嘉基公司的企业文化也强烈地影响了这家位于美国的子公司。

- 在瑞士－德国文化下的一家以化学为基础的公司工作，我注意到公司与公司之间的差异是多么巨大。我可以清楚地看到民族文化的影响、化学行业工作要求的影响、这个行业所涉及的风险，以及公司历史、巴塞尔贵族和公司的合并等种种因素对这家公司的影响。当我同时与汽巴－嘉基公司及数字设备公司（一家非常成功的美国初创计算机公司）合作时，这两家对比起来，简直是两个极端。

- 这种对比最明显地体现在我扮演的角色上。数字设备公司下定决心要解决自己的问题，并且最需要像我这样的人去刺激、催化、支持和斡旋。我引导了整个变革过程。而在汽巴－嘉基公司我是一个职业发展专家、教授、讲师和各种知识的传播者。他们希望我留在这个岗位上，但如果他们发现我的专业知识不足，他们会随时将我辞退。然而我也了解到，他们发现我在各种小组会议和高管的个人教练中扮演的谦逊的咨询顾问角色对他们帮助更大，尽管他们并没有意识到那时我已经扮演了一个不同的角色。

第5章 个人化：强化2级关系

案例11 高管教练的困境：谁是客户

我在汽巴-嘉基公司和数字设备公司的大部分工作都是为个人提供组织角色方面的教练和指导。他们是个人客户，但我是代表组织来给予他们帮助的。然而，有时候我觉得对组织最有利的做法，对我所教练的个体并不一定也是最好的。要找到一个对客户可行，也适合组织项目的适应性行动并不总是很容易。这种潜在冲突经常在高管教练时发生。

我当时在督导一位高管教练，她叫琼，在之前的合作中，我已经和她建立了2级关系。她需要我帮助她解决在教练一位高管时遇到的困境。她的客户马克是一名很有潜力的高管，可他的老板一直认为他表现不佳，似乎对公司的使命和任务不太上心，而且大部分时间都待在家里。马克的老板还告诉琼，他已经告知马克：他表现不佳，看起来并不尽职，而且他待在家里的时间太长。人力资源部雇用琼，请她代表这位老板指导马克，好让他对工作更加投入，承担更多责任。琼查阅了所有关于马克的工作表现的数据，和他见过几次面，但现在面临一个两难的境地。我们的谈话从她讲述与马克的第一次会面及相关处理开始。

琼：马克，你知道的，公司请我来做你的教练。你怎么看这件事？为什么你的老板要求你接受教练？

（注意，这一询问结合了谦逊的询问和诊断性的询问。）

马克：嗯，我的老板似乎认为我并没有真正投入到工作中去，但坦率地说，我不理解。我觉得我很有责任感。

（老板之前还告诉琼，马克似乎没有意识到，到公司上班和加倍努力是工作责任感的一种体现。琼说，她本可以继续谦逊地询问，让马克继续说下去，但她选择通过探讨"在家时间太长"的问题来加快个人化进程。）

琼：跟我说说你自己和你的家庭生活吧。你结婚了吗，有孩子吗？

马克：当然，嗯，我婚姻幸福，有两个孩子在读高中。我的妻子有一份很好的工作，这也让她非常忙碌，而且经常出差，所以有时候照顾孩子的任务就落在了我的身上。很久以前我们就决定，我们尽量不请保姆，所以我得做一些家务。但是我告诉你，我热爱我的工作并且非常投入，所有的事情我都会按时完成，所以我不知道大家为什么会觉得我不够投入。

（琼和马克探讨家庭生活，想弄明白为什么马克经常缺勤。她本可以继续问下去，但她选择透露一些自己的情况以推进个人化进程。）

琼：我真的理解你的处境。我也有过类似的经历，我的伴侣以前日程也安排得很紧,然后我发现我的个人生活和工作彼此冲突。我的伴侣不喜欢我把所有的时间都花在工作上,所以我决定换一种方式来安排我的时间。你能给我讲讲你是如何分配时间的吗?你是如何分配工作和家庭的时间的呢?

(这种方法或许可以称为"快速教练",因为琼并没有对马克的个性或经历进行过多的探询,而是直接指向了马克被教练的一个主要原因——缺勤的时间太长。)

马克:我给你讲讲我的妻子吧。她来自哥斯达黎加的一个天主教大家庭,她家总是把家庭责任视为重中之重。如果谁过生日,或者我们的女儿在学校有演出,或者儿子有比赛,那么我们一定要出席。如果我不得不离开办公室去看他们比赛,我通常会确保自己一定能赶上进度,并且会告诉老板我要去哪里以及原因。我以为上司能理解我安排事情的优先顺序。

琼:所以你的妻子有很强的家庭责任感,我想你也是。

马克:嗯,我没她那么强,毕竟没有她那样的成长背景,但是我努力尊重她的价值观,在她出差时尽可能做好家务。

琼:你的妻子出差就不能出席孩子的活动了,她是怎么处理的呢?

(这是一个循环提问,旨在更多地了解马克妻子的情况。)

马克:嗯,这让她很苦恼,但她觉得我和她之间,如果至少有一个家长能出席，也算符合她的价值观。

（读着这篇访谈记录，我当然意识到琼可能跳过了几步，但是我观察到琼一直试图通过马克的每一个反应测试他们之间的关系，以确定她什么时候可以提出更多建议。等她相信他们彼此信任，建立了2级关系以后，她试着给出了一个更直接的建议，以确定马克在承担家庭责任方面是否过于被动，以及如何才能让他更积极地争取办公时间。）

琼：你有没有考虑过告诉你的妻子，公司可能会要求你花更多的时间在工作上？

（请注意，关于马克在办公室工作的时间太少的反馈意见是被放在了一个面向未来的语境中提出的，这样可以避免激起马克的防御心理，避免他反驳说自己的工作都已完成，并且已经花了足够的时间。）

马克：我不认为有必要这么做，因为我现在有足够的时间完成所有的工作，而且我还可以做得更多，那么为什么要改变呢？……

（这时教练面临着一个基本的选择：是满足公司的需要去改变马克，还是满足马克的需要，继续保持低水平的出勤率——尽管这可能意味着他在那家公司的职业生涯会因此结束？如果琼改变目标，让马克对公司做出更多承诺，也就是马克必须与妻子重新商量他的时间分配,那么她的教练过程就更像是单向的灌输,尝试让客户适应公司。如果琼选择接受马克目前的时间分配,帮助他梳理他的生活,那么她更像是一个独立的职业顾问。然后琼告诉我,接下来马克对过程提出了质疑,让事情变得更复杂了。)

马克:有件事希望你明白,不管怎么说,我的老板对在办公室工作的时间一直没有明确的要求。她从来没有要求我要在公司待多长时间,她只是强调要完成工作。办公室里有人比我缺勤的时间更长,所以我认为她对我很不公平,因为我的工作我都完成了。我不明白为什么我要接受教练。

琼:所以你觉得这一次的教练约谈也是不公平的表现。

马克:没错。我还可以再给你讲讲老板的其他事情,她的偏心以及她糟糕的沟通技巧。就像我说的,她从来没有对我说过,"马克,我希望你从早上9点到下午5点都待在办公室",所以我真的不知道我们为什么要约谈,也不知道我做错了什么。

琼告诉我这件事之后,我们便开始一起分析并思考她是否应该问马克这样一个问题:如果你的老板对这件事要求明确、坚决,像早前与我沟通时一样明确地告诉你,你很少在办公室是个问题,因为这会让你看起来对工作不上心,那么你会怎么做？

我们一致认为，马克对这个问题的回答将决定教练的方向，是试图改变马克以满足公司的需要，还是帮助他决定是否应该考虑在其他地方追求自己的未来发展。但琼现在进退两难，她不知道马克对他老板的看法到底是否准确。谁是委托人，琼应该为谁工作，突然变得不清不楚。公司付钱给琼，但这并不意味着她必须满足马克的老板或人力资源部门的要求，也许老板比马克更需要教练。琼不得不考虑，她应该怎么做才会让她的客户，也就是让整个公司受益。是"矫正"马克，还是让他离开公司，或者与马克的上司就她沟通不清晰这一问题进行对质？这突然变成了一个复杂混乱的问题，没有解决方案，只有几个适应性行动可采取。

琼和我继续谈话，她说她确实问过马克他是否理解他的缺席被视为缺乏工作责任心，但马克坚持自己的观点，认为如果他完成了工作，就应该有权回家。她决定帮助马克解决他认为的问题，但这最终导致他另外找了一份工作。她没有与马克的老板当面对质。在她看来，公司付钱让她"矫正"某人的行为，这种做法太像灌输教育了，她不认为自己在这种情况下能真正起到帮助作用。因此，日后除非公司明确给予她授权，允许她主要根据客户的需要来工作，否则她不会再接受这样的教练任务了。

经验教训

- 从这个案例中我得出的最重要的第一个经验是,如果琼当时没有进行个人化的谈话,那么事情的真实情况,无论是关于马克还是马克老板的,都不可能浮出水面。通过进一步探索马克的处境,她发现显然这一切受到了马克的家庭价值观的影响。最重要的是,最后她得到了马克足够的信任,让他可以表露自己对老板的看法,以及他认为整个过程是多么不公平。

- 第二个经验是,琼的困境没有一个简单的答案。她陷入了一种组织性的混乱,不同当事人的看法不一致,这使她很难清楚地看到可行的方案。在某种程度上,她不得不依靠自己的价值观来决定是帮助公司,进一步探询马克和他的老板之间的复杂关系,还是选择帮助马克解决他的困境,但这可能会损害公司的利益。

- 第三个经验是,"谁是客户"的问题可能会变得非常复杂。咨询顾问经常会发现客户系统的各个部分需求不同，需要他们分别做出不同的回应。如果琼回头找老板进一步询问情况，那么她很可能会发现老板和组织中其他人之间也存在一系列问题，而这些问题可能是琼一人无法解决的。

案例 12　一个不幸的个人化错误

当地一家高科技公司的制造部门负责人邀请我列席制造委员会的会议，看看我能否帮助委员会提高工作效率。我出席了会议，准备要么在有把握的情况下直接干预，要么在会议结束后，对制造部门负责人就如何使会议更加有效提供教练。我认为我的首要客户是委员会，其次是制造部门的负责人。现在回想起来，我发现自己以一个自封的专家角色加入了这个团队。

在旁听了几次会议之后，我发现其中一个成员非常安静，偶尔会发表一些意见，但几乎都被忽略。在我看来，这似乎不太公平，于是我借此向团队指出，如果成员在参与度方面更加平等，那么他们的会议可能更加有效。我等到了一个机会——这个成员发表意见，然后像往常一样被忽视，于是我把刚刚发生的这个过程向大家指出来。尴尬的沉默席卷了整个团体，主席敷衍了事地向我表示感谢，然后继续下一项议程的讨论。

会议结束后，主席把我拉到一边，解释说这个被忽略的成员乔曾在公司历史上做出过技术方面的重大贡献，但他遭遇了一次轻微的中风，现在已不能做出贡献，但又非常需要一份工作，公司希望能够帮助他。管理层斟酌了照顾乔的几个选择，最后决定把他"安置"在制造委员会，那里的同事仍然很欣赏他，尽管他的想法已经过时了。他们注意到，乔很高兴自己有一个角色、一份工作以及一席之地，他似乎并不介意自己的想法很少被采纳。而我的干预只是让乔和其他人感到尴尬，因为他们不管怎么解释都只会让大家更尴尬。

经验教训

- 针对某个特定的人提出无冒犯之意的问题，可以是极其有力的个人化干预手段，但如果问题暴露了团体中的隐形动力，也可能具有强大的破坏性。我的介入使得这个团体很久以前就已经放下的问题重新浮出水面。我的动机是让乔加入这个团队，推进他和这个团队的个人化程度，但我所做的可能只是让他的角色更加边缘化。乔和这个团队没有相互依赖的领域，所以乔和团队成员的关系维持在 1 级就足够了。

- 不要让自己的计划超前于客户的进度。我应该在第一次会议之后就问主席为什么乔总是被忽视，那样我就不会在这上面花费不必要的精力了。

- 不要认为个人化程度越深越好。许多不需要互相依赖的关系维持在 1 级水平就很好。

总结与结论

在第 4 章中，我们集中讨论了个人化如何始于第一次互动。在这一章中，我们分析了个人化所涉及的人际关系和文化问题，并含蓄地提出了咨询顾问和客户应该何时进一步深化关系的问题。这些案例表明，通过个人化达到 2 级关系并不总是必要的，但问题越复杂，涉及的相互依赖越多，2 级关系的互动就变得越重要。

我还认为，你需要让关系达到 2 级水平才能确定你该如何提供帮助，这时你可能会发现客户需要一个特定类型的专家或医生，这意味着你在这方面可能帮不上忙。如果你不在某种程度上个人化并建立2级信任关系，你就不知道你处理的是不是最关键的问题，你也不知道你的帮助是否真的有用。这听起来有些矛盾，因为这需要你持续不断地对此时此地你所处的环境进行诊断。

本章的案例还表明，在一个复杂的组织情景里，咨询顾问经常会发现她同时面向多个客户。其中，一些客户需要谦逊的咨询，另一些客户则只需要专家的帮助。这种专家的帮助通常与客户想开展的流程相关，却导致许多情况下，谦逊的咨询顾问不得不找到适应性行动，甚至必须做一些与客户期待相左的事情。我们将在下一章对这些过程进行更详细的分析。

给读者的建议

与一两个同事一起，讨论这个问题："如果我们试图帮助某人，例如当我们教练他或她的时候，有什么具体的方法可以用来表达我们希望和对方的关系更加个人化，却又不过分亲密呢？请具体说明，并举出例子。"做这个练习的目的是以一种创造性的方式探索何为恰当的个人化过程，何为越界。

第 6 章
CHAPTER 6

谦逊的咨询专注于过程

维持一段建设性的 2 级关系，我想，首要的原则便是避免被内容诱惑。在我看来，外来帮助者能给出一个可行的内容性建议的概率极小。此处的重点在于不将同理心与内容诱惑相混淆。同理心是能理解客户当前的处境，甚至体恤他们的心情，但你一刻也不会忘记：你并不在客户的位置上，所以你根本无法了解什么手段能适应他们的文化且奏效。此外，一旦你了解了客户的真正需求，你和客户就能一起探索适应性行动。在那样的情境下，你也许还能给他们提出一些过程性的建议。

这就引出了一个重要的问题：你，谦逊的咨询顾问，除了尽心帮助、好奇、关心，你还给这段关系带来了什么呢？根据我的经验，我猜你可能对人际关系、团体、组织的流程有更丰富的经验、更强的感受力。当客户需要衡量适应性行动的利弊时，谦逊的咨询顾问先前受到的训练和职业积累此时就能起到很大的帮助作用。如果你之前在组织发展、管理咨询或教练技术方面接受过培训，你肯定已经积累了很多案例，知道问题可以有许多种思考方式和解决办法。有时候客户刚好卡在这种情形里——客户知道自己的目标，但并不知道该如何去实现，甚至不知道从何入手。

问题重构案例

案例13　一个问题重构了美国铝业澳大利亚分公司

有一回，美国铝业澳大利亚分公司邀请我面向公司的经理们，开一个主题为职业锚的研讨会。会后我与CEO和高管们共进午餐。CEO曾是麻省理工学院的斯隆学员，我们俩因此有了职业性的2级关系。故事要从午餐时开始说起。

CEO：沙因，你不介意的话，我和同事们谈点事？

我：没问题，你们谈吧。

CEO对同桌的团队成员说：大家都知道，我们的行政副总裁保罗即将退休，我们该着手安排接任了。我们现在商量一下？大家觉得由史蒂夫接任怎么样？

财务副总裁：史蒂夫人不错，但由他担任行政副总裁，我感觉不太稳妥。具体原因我也不知道。

CEO：他是我们最理想的候选人了，不是吗？

运营副总裁：他的确是最理想的了，但我也有些犹豫。不过，这件事我也没有太多发言权。

艾尔：我觉得史蒂夫很出色，我们应该把这个职位给他。但我想知道为什么有些人犹豫了。其实，我也有一点不确定。

（看着他们迟迟不能做出决定，我产生了极大的好奇。我也暗自猜想史蒂夫的短处究竟在哪，但大家似乎无法详细地列举一二。最终，我选择提出一个让我自己也颇为好奇的、"纯粹的"分析性问题。）

我：抱歉各位，容我问一下，行政副总裁都做些什么？这份工作的内容是？

CEO（耐心、高姿态地解释道）：这个，沙因，他管着好几样工作呐，包括人力资源的所有工作、内部会计和财务的工作、公共关系……

艾尔（突然打断CEO）：这就是我的疑虑。史蒂夫做行政很好，但我不认为他有处理公共关系的能力。

运营副总裁：艾尔，你说到点子上了。我很欣赏史蒂夫，但他向来不太擅长跟媒体、外界打交道。

财务副总裁：附议。史蒂夫做哪个部门的工作都没问题，我就是想象不出他执行公关事务的样子。

艾尔：这个有点意思。行政副总裁必须负责公共关系吗？实际上，我思考过，我们与环保人士的冲突越发尖锐，我们在平查拉的采矿遭到了政策的压力，土著民要求我们对征用土地予以赔偿。为此，我想，也许我们该开设一个新的职务，专门负责环境保护事宜与公共关系。

CEO：有意思，可以试试。大家的看法呢？

财务副总裁：我认为这么做能解决我们的问题。让史蒂夫担任行政职位，大家都认为他会很出色。把公共关系的业务重新拓展，另聘一位我们都能信任的人。

全体一致同意后，餐桌上的气氛又轻松起来。

经验教训

- 我想，他们当时并没有料到我那一问竟会为众人指出一个解决问题的办法。通过这次事件，我再次学到助人可以如此简单、如此单纯，足以启发他们以新的视角看待困境。当时高管们只有一种处理问题的流程，即对史蒂夫和他的优劣势进行分析,但因为缺少工具,他们无法分析高管的技能以判定其是否胜任,他们卡住了。我提出的问题转化了解决问题的过程,从分析人转向了分析事情。最后结果也显示出,一旦转变思路,他们便能清晰地讨论史蒂夫的长项和短处,逐一梳理。我改变了他们的思考过程,这帮助他们找到了解决的办法。

案例14　宝洁昆西工厂的团队建设活动

宝洁公司当时正忙于一个面向所有工厂的改革制造流程的大项目。我当时是一名咨询顾问,主要向昆西工厂的经理阿尔特汇报。我的工作是不时地与阿尔特和他的团队会面,帮助阿尔特检视、评估团队成员的能力,同时对他的管理风格给予反馈。他的团队由几个职能主管和一位负责组织发展专员组成。这位组织发展专员之前是工会成员,他被派去学习组织发展的知识,而后返回工厂,加入阿尔特的部门,辅助解决团队建设和管理方面的问题。宝洁所采取的方式很有启发性:他们派一位内部员工进修组织发展的知识和技能,而后让他回到自己已建立起关系网的工厂工作,将组织发展技能有机地带入组织中。这其实也属于宝洁正在向所有工厂推广的整体效率提升计划中的一环。于是阿尔特决定带着团队外出团建，他希望我和这位组织发展专员能与他一起共同设计项目的细节。

我们相约午饭时在麻省理工学院教职工俱乐部会面。

对话切入正题时，我用了一个简单又"傻气"的问题启发思考。

我：阿尔特，接下来谁会出席会议？

阿尔特：嗯，我想想……我们的总工程师、人事、质量管控经理、采购、财务……实际上我对财务还有点纠结，他到现在还没有证明自己有多合格……也许我该把他换了……（沉默了很长时间）哎，沙因，你一问，我就想起我们究竟应不应该跟一个不确定去留的员工一块儿进行团建。还是推迟活动吧。

组织发展：明智。跟一个无法久留的员工一起进行团建，听着有风险。我希望我们能明确对所有参与团建的成员表明态度——"咱们是战友"。

阿尔特：那很抱歉了沙因，这个计划暂时得放一放了。

我：不必道歉，我相信等到团队成员完全就位之后再进行团建是正确的决定。

经验教训

- 我认为这是一个很成功的案例。我只问了一个简单但关键的问题"谁会出席",便启发了阿尔特的思考。虽然之前他并没有清晰的想法,但是他需要避免盲目团建以及随后开除成员的混乱局面。我现在更加确信,真心发问,并以此发起针对目标的讨论,最终落实到具体行动上这一过程是多么重要。

案例15　放弃在一个销售型组织里建设团队文化

我接到了一个大型事业部制公司的销售副总裁打来的电话。

(电话那头)副总裁:您好,沙因教授。我可否上门拜访,和您讨论重组我们销售部门的一些想法?我想改变我们销售部门的文化,希望能听听您的建议。我下周会路过麻省理工学院,方便和您一起午餐吗?

我:听着很有意思。我周二或周三都可以。

(我非常好奇他口中的重组销售部门和文化变革指什么,所以我很乐意跟他共进午餐。在午餐时,我们有了以下的对话。)

副总裁：我说说对这个问题的看法。我们有不同的产品线，分别配备不同的销售部门，但他们都向一位统管营销的销售经理汇报。我们收到许多客户的投诉，表示不同部门的销售人员有时会给出不同的优惠政策，有时他们的说法互相矛盾，有时甚至相互竞争。所以我想启动一个项目，在销售部门中建设团队合作文化。

我：你能不能举一些例子，说说现行系统是怎么运作的，你对未来理想的系统又有哪些想法？

（我尝试确定他所说的"团队文化"是什么意思，所以我问了这个问题，促使他用具体的例子回答我。当我们要求客户提供一个例子，并"强迫"客户想象一旦他希望的改变如期发生，接下来该采取什么行动时，我们就对客户的思考过程做出了潜移默化的影响。只有当用具体的例子来说明理想的状态时，我们才能共同评估现有文化是帮助还是阻碍变革。）

副总裁：现在每个部门都是独立安排自己的销售活动，销售人员不会协调彼此的客户拜访日程安排。我希望他们能像一支团队一样，联合筹划销售策略，好让客户对我们的产品、优惠政策有一个更统一的认识。现在，不同的销售人员给出的报价有时是互相矛盾的，他们甚至还会为争取同一位客户互相竞争。

我：我想确认一下我是否理解了您的意思。现在客户在不同的时间里，可能会从不同部门的销售人员口中听到完全不同的优惠折扣信息？

副总裁：没错。我们需要教会销售人员更多地协作，对客户有统一的口径，以团队而不是个人的身份出现在客户面前。

我：那么，如果销售人员能以团队成员的身份拜访客户，也因此成功地向客户销售了他们切实需要的产品，你会如何嘉奖销售人员呢？你现有的激励体系怎么样，是否需要改变？

（这是一个很关键的诊断性问题。也许你注意到了，不是所有的销售部门都有独立的激励体系、指标、针对突出个人的奖励。如果客户没有意识到实施变革会牵涉到某些内容，那么你应该向他们指出并说明。）

经理：当然，所有销售部门都一样，我们实施的是独立的激励体系，每个人都有相应的指标，但我希望他们一块儿拜访客户的时候能发挥出团队精神。

我：基于现有的激励制度，你觉得这能实现吗？

副总裁：你的意思是？

我：比如，当销售人员能组成团队互帮互助、共同解决客户的需求时，你是否会给予团队性的表彰和奖励？你愿不愿意在更深的层面改变销售文化，奖励集体而不是奖励个人？

副总裁：我不认为我们公司能这么做。我们一贯非常注重个人绩效评估。

我：那在这种个人主义的文化当中，为了减少客户投诉，是否有可能在小的方面做改变呢？

（我现在聚焦于客户真正关注的问题，即客户投诉。我想看看在不改动整个激励体系的情况下，是否能以小的适应性的行动来解决问题。）

副总裁：我想，我们可以另请一位员工负责，建立一个更实用的跨部门排期系统来协调销售会面；或者，当我们发现多名销售人员正在接触同一位客户时，那就请他们先自行协调自己的销售话术；或者让在攻关同一位客户的销售人员定期碰面交流自己的心得，看看他们是否会有些收获。

我：这些听起来都很可行。

副总裁：对。你启发我了。也许我们并不需要一个新的培训课程，也不需要所谓的团队精神、合作互助的新文化。

（因为被迫对期望的"文化变革"进行更实际的考量分析，客户得以重新考虑这一举措的影响范围，以及可行性如何。他被推动着用小的适应性行动，而不是大张旗鼓的文化变革解决问题。借此他也重新捕捉到了重点。)

经验教训

- 从这个案例中我获得的最大收获，就是客户往往不能充分考虑到他们期望的变革会涉及什么，如果要变革，现有文化的哪些部分需要改变。他们倾向于把文化当作一个独立存在的、可以任意操控而不会对现有系统造成影响的事物，而没有意识到现有的文化（本案例中的个人激励制度）正是过去成功运行并因此稳定留存至今的结构和过程的产物。

- 此外，必须看清真正的问题所在。本案例中真正的问题是客户投诉以及如何减少投诉。另一个小的适应性行动可以是，在迅速制订一个一般的解决方案之前，先选择一部分客户，向他们了解更多细节，知道他们最烦恼的是什么。事后想来，我最开始就应该问一问，他们究竟跟顾客交谈过没有，是否确切地了解了顾客烦恼的原因。

改变咨询顾问或客户的过程方案的案例

案例16　成功降低通用电气林恩工厂的工程师离职率

时不时地，总会有内容和地点都很理想的咨询机会来到我的面前。比如有一次，通用电气公司马萨诸塞州林恩工厂的人事经理找到我，希望我能帮他们解决工厂工程师离职率居高不下的问题。我按照一贯的原则，邀请他先来麻省理工学院面谈。午饭时，他向我展示了一份数据，是他们每年聘用的最优秀的工程师在2～3年内的离职率，那数字简直令人无法接受。

显然，当下我们的共同目标是降低工程师离职率。我同意他对情形的分析、对问题的界定，以及将降低员工流失率设为目标，但不同意他的建议——先对大批工程师做访谈，再向他提管理改革建议。

客户经常认为自己知道问题该怎么解决，而且因为他们付了费，他们总觉得自己很清楚咨询顾问能够且应该为他们提供什么服务。客户希望我能在六个月内向他汇报我的分析结果并提出相应的建议。

当然，做访谈、发现问题、提出建议都是常规操作，这对我来说也是很好的咨询工作机会。但我的直觉是,他的方法还有改进的余地,降低工程师离职率应该有更好的过程。毕竟最后的目标不是我做汇报,而是能切实降低工程师的离职率。要达成这个目标,有没有更直接的方法呢?

我建议先挑选一批正好在通用电气待到第二年的优秀工程师,也就是公司希望能留下的一批人才组成工作小组。请他们与我和客户一起工作。我们三方一起决定需要收集哪些数据,一起制定降低工程师离职率的策略。我会担任他们的教练,但他们自己必须对这个项目承担责任,并向通用电气管理层负责。通用电气管理层会挑选成员,给他们做项目的时间,并制订项目完成时间表。

尽管我是后来才明确总结变革原则的,但有几项重要的变革原则在计划时期就被提出来了。第一,这不是咨询顾问的事,也不是人事经理的事,而是让想离职的年轻工程师们头疼的事,所以何不将问题交给他们,由他们把脉并解决呢。第二,访谈近期入职的工程师和已离职的工程师时该问什么问题,怎么理解访谈获得的信息,这些在岗工程师是最清楚的。第三,在岗工程师对组织内的氛围有最直观的感受,也许能解释员工纷纷离职的原因。第四,在岗工程师对变革如何在工厂落地,以及如何以管理层最能接受的方式汇报工作最有心得。第五，也许这也是最重要的一点，如果通用电气愿意建立这么一个由年轻工程师组成的工作小组，也给他们时间专心解决工程师离职率高的难题。打响了这一枪，那么对于整个工厂来说就是一个重要的信号：管理层愿意聆听并做出改变。诊断流程打了头阵，这会是众人有目共睹的干预第一步。

工作小组成立了。他们以"教练"的身份与我会面。首先，我们一起制订了一个计划，包括访谈的对象和主题；然后，最重要的一步，思考这个项目得以启动本身会如何为工厂变革拉开序幕。小组成员必须明白，他们访谈的方式本身也是一种干预，因为在访谈中，受访者也会思考一些他们从未想过的问题。考虑到被要求访谈的人可能有离职的打算，这个访谈也会影响到他们对继续留在通用电气的看法。

工作小组每个月和我见面，持续了六个月的时间。我们一起在工厂的管理方式上发现了许多实际上打消了工程师积极性的"保健因素"⊖，但这些都很好纠正。最重要的发现是，管理层没有给新工程师足够的空间来规划自己的工作，他们管得太多了。想来有点可笑：当工作小组的成员有了些

⊖ 保健因素（Hygiene Factor），由美国心理学家弗雷德里克·赫茨伯格（Friderick Herzberg）提出，即与工作环境或条件有关的、能防止人们产生不满意情感的一类因素。——译者注

自由来做项目的时候，他们才发现自己之前被管得太多了。

工作小组的成员成了极其高效的变革专员。他们实施了一系列变革，解决了人员流失问题，提振了士气。项目持续了一年多。实际采取的办法其实并不算什么奇招：无非是给人们更有挑战性的工作、更清晰的目标以及充裕的自我管理空间。

如果当初由咨询顾问主导项目，需要花一年或更长时间才得出这些结论；去向管理层证明结论可靠，很难；要引领改变，只会更难。这次我们邀请工作小组成员自行发现真相，其实也相当于为工厂变革打好了地基，因为小组成员掌握着翔实的信息，足以让经理们做出改变。

经验教训

- 我常常会惊讶于咨询顾问忙不迭地把客户的问题包揽到自己身上，埋头苦干。其实更高效的方法是将问题交给组织，我们只需做谦逊的咨询顾问，在组织成员诊断和实施干预的时候予以教练即可。请工作小组处理诊断事宜，效果会好太多。何况这一过程还发出了清晰的信号：管理层希望降低工程师的离职率。给我留下深刻印象的，还有"内部顾问们"精准地把握了哪些内容是管理层能听取的，哪些是会被拒绝的。内部人士对通用电气的文化有着细致入微的了解，由他们引领变革，效率更高。

- 这次我的角色随着现实不断变化，从谦逊的咨询顾问变为流程诊治者，再到团体教练，这是非常震撼的体验。我再次意识到，一旦与客户的关系达到 2 级关系，即使我切换了不同的角色，我们的关系也不会因此变得模糊、混乱。

- 对我自己而言，我发现比起独自一人苦苦破译组织文化，安居幕后，带教这个由工厂员工组成的团体要有趣得多。现在我真是一次又一次地体会到，诊断组织文化最好的方式就是找到和问题本身密切相关的组织内部人士，交由他们掌舵。

案例 17　如何评估和"测量"销售型组织的文化

几年前，德国一家制药公司在本地的一个子公司找到我，希望我能帮忙解决"高层晋升的难题"。高管已经清楚了自己的目标,也想好了目标的实现方式,但他们需要一位"组织文化专家"来帮忙执行。他们开了几次高管会议,主要是讨论问题、制订方案,我被邀请了过去。

这个公司的问题是,应该从内部提拔还是从外部聘请未来的销售副总裁。现任销售副总裁一手建立了这个销售型组织并掌管了 30 年,即将退休。内部有一位候选人,大家对他没有什么异议。但即将退休的副总裁提出也许可以借此考察一番,"该组织当下的文化是否需要变革",我就这么被请了过去。他们希望我能研究组织文化,判断组织文化应该被保留(销售副总裁将由内部晋升)还是应该改变(从外部聘请)。我想这个需求很合理。他们对这件事已经有了细致的思考,这是个很好的开端。但他们提出的解决方案对我来说,有些问题。

他们已经为我单独访谈上百位销售代表做好了时间和资金的安排,希望我能评估公司的文化。我一直没发现这背后还有一个考虑:这位内部候选人是一位非洲裔美国人,也许高管们希望在任命他之前,先了解一下他受欢迎的程度,以及(或者)他的行事风格和价值观能否与上百位销售代表相契合。

不管怎么样,我表示不适合通过单独访谈来评估组织文化，我提议组织一些能覆盖所有部门、所有小组的集体访谈。如果销售代表们愿意敞开心扉，那么集体访谈能比单独访谈更快、更好地让我们窥见文化的全貌。

我跟计划小组还有 CEO 一起商讨，最终我们一致认为，集体访谈销售代表效果更好。因为该公司一向很为管理层和销售代表之间的高度信任自豪，所以销售代表敞开心扉并不难。但是，跟我一起做计划的高管计划小组认为管理层最高的两个层级领导应该单独访谈，因为他们在彼此面前未必能足够坦诚。我觉得我和计划小组之间已经建立起了 2 级关系，所以我信任他们对下一步的判断。

CEO 向公司宣布了访谈的计划，也向大家介绍了我接下来会对公司文化进行评估。他明确表示，评估文化对于销售部门的未来非常重要。我会通过一系列个人和集体访谈来深入了解大家对当前文化的感受，同时了解大家对销售部门的未来是应该交给自己人还是外来者的看法。

接下来的几个月，我见了许多销售代表，发现大家几乎无异议地对现有文化都很支持。我写了份报告描述公司的文化，同时也表达了大家希望能提拔自己人以延续文化的强烈诉求。

在总结公司文化的过程中，发生了一个有趣的小转折。

销售代表们一致认为公司内部等级森严，销售战略总是由销售副总裁说了算。他不只是定目标，还创建了一整套销售工具强迫销售代表使用。但对此大家也能够接受，因为实践中这些工具的效果的确很好，让销售代表的工作轻松许多。销售代表还指出，不同地区的低层级经理鼓励销售代表根据自己的想法自主创新。这家公司的文化在自主和权威之间有着非常微妙的平衡，收效很好，所以销售代表们并不希望这样的文化有任何改变。

高管们欣然接纳了我的报告。六个月后，现任副总裁退休，他们热情地把内部候选人提拔了上来。

经验教训

- 这个案例再次强化了我的想法：即使客户清楚要解决的是什么问题，他们也未必知道怎么解决，所以他们需要过程上的帮助。虽然我对药品销售一无所知，但我知道怎么评估组织文化。

- 我再次确认，利用特别小组是分析组织文化的最优路径。因为这能让我们迅速地发现最核心的要素，也就是文化的 DNA。这个组织的文化里有许多与继任问题无关的因素，集体访谈会比单独访谈更快揭示出这一点。

案例 18　成功减少美国国税局的总部与地方冲突问题

国税局的这个项目是迪克·贝克哈德介绍的，他是我在许多研讨会上的联合讲师，后来他加入斯隆管理学院担任客座教授，成了一名导师。贝克哈德和国税局的培训部门主管有着 2 级关系。国税局局长注意到位于华盛顿的总部职能主管经常与地方主管起冲突，他们两人都向副局长汇报（副局长不是政治任命的公务员），但地方主管在自己的地理区域管理税收政策时更为自主。局长是政治任命的一把手，希望国税局能运行得更顺畅，他要求副局长查清问题并修正。

培训部门的主管对组织发展的变革管理非常熟悉，因此他向副局长推荐使用"贝克哈德过程"。但是贝克哈德没有时间接手该项目，便推荐了我。这个过程的核心就是"把正确的人带到房间里"，也就是邀请副局长、所有职能主管及地方主管一起以某种方式对话。对话以寻求共识为目的，由参与者自行界定问题并研究解决方案。但是，要制定会议议程，他们还需要一位可信的局外人收集信息、整合信息，并在会议上展示。由于受访者遍布全国各地，逐一访谈不现实，加之请主管们给外部顾问写保密信，描述他们眼中的问题及解决方案的方法在过去一些相似的情形下奏效过，所以我们决定采用这一方法。收到信后，外部顾问要对匿名提交上来的问题做总结，并在集体会议上向大家汇报，目的是让与会者尽早参与进来，并且确保会议议程完全基于参与者的意见。

我作为外部顾问，需要整理信件的内容，并主持一个全天的问题研讨会，副局长和全部主管都会出席。首先，我要与培训部门的主管会面，他是我的"联络客户"，我将与其通力合作，尤其关注如何保证主管们给我写信时能畅所欲言。然后，我和副局长会面，他是我的"主要客户"，我与他建立了2级关系，这让他决定给主管们写一封真诚的信，告诉大家这是他发起的项目。如果大家想让研讨会产生些价值，那么他们就要坦诚地把想法告诉我。他向主管们保证，我绝对不会泄露他们的身份信息。

接下来，副局长面对面地向所有主管介绍流程，询问反馈，并征得了所有人的同意。信件源源不断地寄了过来，我一一分析，终于制定出会议议程，计划共同讨论当前最紧迫的冲突和未来协调合作最大的机会。当我们再次聚集在一起开会的时候,我首先对议程做了回顾和澄清,紧接着副局长向大家保证,这是他要开的会,因为他希望团体工作的方式更有建设性。

然后我作为引导者说明主题,偶尔总结,并试图达成共识。到这一天的最后,我们已经通过了一系列决定。当我们说到副局长的管理风格有时会加剧现有的冲突时,他给出了非常诚恳的回应。结束时,所有人都对如何在组织中协调彼此的工作有了更清晰的认识。他们还决定了下一步行动,比如继续开全体会议以检查进度等。

经验教训

- 这个方法之所以能奏效,是因为这个适应性流程是由内部人士和外部顾问共同计划的。内部人士知道哪些方法行得通,熟悉副局长的为人;外部顾问长于干预流程,知道怎么打开人们的心扉、收集信息。没有内部人士的充分参与,我们一步也迈不出去。

- 起到了关键作用的是副局长,也就是他们的"老大"及主要客户能理解、接纳全过程。副局长知道,在这个过程中他可能会收到一些关于他的管理风格的令人不快的反馈。所以我预先提醒了他，要走这条路，他就不得不寻求反馈并接纳。

- 大多数主管都向我表示，他们给我写信时之所以能诚实以待，是因为副局长说服他们开这个会是他本人的意愿，他想建立一个更团结、协作的团体。他们信任他，所以他们也信任了我。

- 这次会议改善了所有主管的关系，因为他们的信件突出了他们之前没有注意到的领域、他们互相依赖的部分。他们在一起待了一整天，这也让他们能够在一个更放松的场合里互相了解。他们一起为未来的会面做计划，这也激励他们继续与彼此建立关系。我读完他们全部的信件，对他们在合作上的问题有了更深的了解，这也使我能够更有效地引导会议。

- 让主管们给我写信而不是我一个个地访谈他们，是一种创新的、节省时间的方式，让人们可以仔细思考他们在会议上真正想探讨的议题。我觉得这个过程的确效果很好，因为从一开始，这个过程就由组织的核心成员共同分担、共同参与。他们对自己的业务有很深的了解，所以聆听而非主动出击的工作方式对我来说更适用。我们都很清楚目标是什么，以及该怎么实现它。

- 我在这个案例中的角色是各个阶段的过程管理者。尽管在收到信件内容的时候我参与得多一些，但是我一直非常小心地避免被内容所诱惑，尽量专注于帮助他们召开一次高效的会议。

总结与结论

谦逊的咨询通过以下几种方式帮助客户重构思维：①重新界定问题，②重新思考自己应扮演的角色，③重新思考咨询顾问的工作。正是这些能非常迅速地帮助到客户，甚至在第一次对话时就立见成效。因为重新界定问题时，客户也许会意识到她心中其实已有答案。双方的合作不一定全按照客户最开始的想法来。咨询顾问建议客户采用更高效的方式解决问题，这也是在帮助客户。

客户与咨询顾问一起结合内部和外部视角，理解当下现状，发现疑点、痛点，找到解决的办法，客户大多数时候看不到这样的结合能给问题的方方面面带来多大的影响。咨询顾问也能通过与客户培养教练关系发挥帮助作用，因此也可以称为"角色教练"。即咨询顾问可以启发客户构思、执行接下来的适应性举措。咨询顾问必须有同理心，但也要小心避免被内容诱惑。因为作为局外人，咨询顾问永远不会像客户一样，最直接地知道在自己企业的文化中哪些举措切实可行，哪些举措徒劳无益。

> **给读者的建议**
>
> 和同行一起回顾最近的几个案例，从以下视角出发：你在案例中提供了什么样的过程性帮助？回顾时尽量具体，以例子佐证，以此互相学习。
>
> 或者，和朋友或配偶一起讨论你最近做出的一个决策，从纯粹的过程视角出发：你当时是如何做出决定的？还有没有别的办法？你对你的决策有什么感受？

第 7 章
CHAPTER 7

创新的适应性行动

在最后一章里,我会讲讲现实中怎么解决复杂、混乱的问题,也会对比大型的诊断干预方案、能力建设项目,用更多的细节来说明适应性行动的含义。

适应性行动并不是咨询顾问箱子里的一个"工具",干预的方向和时机也没有固定的答案。因为这些都取决于现实的复杂程度,要考虑咨询顾问本人的性格、客户的性格,并且建立关系时还需要真诚和个人化。

既是诊断又是干预的适应性行动

大部分的咨询模型都认为,干预应该基于诊断。诊断有许多不同的形式,比如全员访谈、调查问卷,或者针对客户系统里的不同部分使用不同的诊断工具，以将问题归类或提供一份涵盖各个诊断维度的报告。这种模型只有在客户已经清晰界定出一个问题，并和咨询顾问讨论出哪些维度需要探讨，应采取哪些可行的纠正措施时才有效。众所周知，未来的组织问题会越来越复杂、混乱、易变。如果我们依然使用这一套诊断流程，轻则浪费时间，重则造成意想不到的伤害。

我想这些问题尤其在诊断文化问题时会发生。诊断文化问题时总用调查问卷收集人们对彼此的感受，将其归类，起名，并在类别之间互相比较。但文化在深层次上是一种团体共有的现象。它可以被描述、被理解，但不能被量化。只有当客户和咨询顾问都对他们需要努力解决的文化问题在2级关系层面上有共同理解时，才能谈得上"测量"一部分文化。

如果不使用诊断、分析、建议的模型，那么替代性的方案就是和客户一起选取一个既能揭示出诊断性信息，又能为初始干预方向带来启示的适应性行动。通常，第一步是在谈话中帮助客户厘清他真正的困扰，找到担忧的根源，也就是界定眼下组织的问题，然后合力制定下一个适应性行动——"适应性"这个词提醒我们现实错综复杂，需要界定的问题不止一个；"行动"这个词提醒我们，并没有所谓的能统筹全局的计划，只能见机行事。一旦我们知道客户真正的困扰，我们就能一起想出下一步方案。也许那只是一个很小的干预。

说到行动,我们都知道每一个行动都会改变现状、揭示出新的信息。那么我们就会意识到诊断和干预实际上是硬币的两面,我们的每一个行动都既是诊断,也是干预。

这种思维方式并不是不考虑大型的干预行动,而是要这么做,前提必须是顾问和客户已经对客户的困扰有了正确的判断,也清楚地知道哪些大型的干预能切实减轻客户的担忧。如果客户清楚他们需要哪些变化,那么大型的干预和再培训、重组、重新设计流程也许是非常合适的,但前提是必须考虑清楚所有可能发生的意外情况和后果。这么考虑一番之后,咨询顾问经常会发现客户需要的是更创新的方式,需要把人们聚到一处,共同思考问题、策划改革,以更重视的态度开展对话探讨。创新的适应性行动尤其在安全领域是一个非常重要的理念,正如以下案例所述。

案例 19 阿尔法电力公司的安全问题

阿尔法电力公司在发生严重事故后进行安全排查的传统方式是一个线性的过程:先定义"根本原因",找到罪魁祸首,继而发布新的步骤和章程以杜绝某些情况再次发生。问题在于在寻找根本原因的时候,组织很有可能会忽视这一点:事故发生前的情形纷繁复杂，事故的发生未必是因为某个"根本原因"，而是一系列情况不幸地同时发生了。

受损的变压器泄露 PCB⊖事件

阿尔法的一个变压器被雷电击中，漏油引发大火。负责变压器的工程师之前对变压器的油做过常规性的 PCB 检查。一般，油里是没有 PCB 的，但爆炸之后工程师再次测试地上的油，却得出 PCB 含量极高的结果。工程师不希望在结果确认之前引发不必要的惊慌，所以他立刻将几份样本送到实验室做检验。事故发生在劳动节前后，实验室休了几天假，所以直到一周之后公司才拿到结果，发现样本中 PCB 含量的确极高。这意味着消防员和参与抢险的员工都暴露在了危险的化学物下长达好几天的时间。公司再一次因为"事后隐瞒环境污染"被处以罚款，公司形象也一落千丈。

阿尔法对泄露事件应当立刻上报有所规定，但工程师坚守着工程师的文化原则，行动前应先自行检查确认数据，以避免引发不必要的恐慌。从他的视角出发，他的所作所为无可指责。PCB 之谜直到 6 个月后才解开。他们最终发现变压器制造于 25 年前，那时 PCB 并没有被定为危险物。而且

⊖ 多氯联苯（Polychlorinated Biphenyl），一种致癌的化学物质。——译者注

PCB 也一直被密闭在隔音柱里，但雷电意外地击碎了隔音柱，PCB 这才泄露了出来。

在事后补救的过程中，我担任的是教育者的角色。我认为工程师的举动是忠实地基于工程文化做出的，并建议公司不必在他或实验室身上找问题，而是将注意力转移到组织正在担忧的问题上：公司担心，尽管许多环境、健康、安全改善项目已在内部开展起来并逐见成效，但环境保护机构仍然对公司表示深深的怀疑。我帮助他们重新界定问题，即阿尔法需要向公众和监管机构表明，尽管事故依然可能发生，但他们正非常努力地做出改善。这个洞察引发了接下来的两个适应性行动：①公司再次强调这条明文规定，无论发现者是否认为泄露有危险，所有的泄露都应立即上报。②公司开展一个新项目，邀请监管机构和当地环境保护机构员工定期参加公司会议，考察公司正在实施的安全和环境保护项目。几年之后，第二个项目取得了非常重要的成果——即使意外再次发生，监管机构也会信任公司会尽全力减少影响。

经验教训

- 这次最大的收获，就是把注意力从立即剖析、谴责上转移到挖掘客户真正的担忧上。公司真正担忧的是监管机构对阿尔法工作的负面看法，因此我们得出一项创新性的适应性行动，邀请监管者进入组织，了解公司的项目运行。

阿尔法暂停项目

向上沟通是最大的问题之一，不只是在安全领域，在维护产品或服务质量方面也存在。几年前，阿尔法向员工们宣布，任何人在工作期间发现安全问题，都应立即暂停工作，直到安全专员到达现场并宣布现场安全为止。但员工对在工作期间大声呼喊感到尴尬，所以公司设计了一个信用卡大小的"暂停卡"，任何员工都可以抽出暂停卡，以此宣布暂停自己的工作。所有的员工都接受过培训，知道怎么使用"暂停卡"，公司也鼓励他们使用。阿尔法对这一项目感到非常骄傲，员工们也很高兴有了一种合适的方式表达自己对完全的担忧。

当我们和员工组成常规焦点小组的时候，这个项目已经运行好几年了。我们发现它在各地实施力度不等，一些小组还认为它很有问题。到底发生了什么呢？由于项目曾经运行得非常好，所以安全总监和其他高层意识到，员工的不满是一个很重要的信息，能让他们判定当下有哪些安全问题。这一点很重要，因为系统已经老旧，而维修保养的预算有限，需要谨慎分配。为了收集这类信息，公司发起了一个新项目，让那些比工作监管员层级高的中层经理填一个简单的表格，对每一次暂停背后的安全问题做解释。这些表格由监管员初步填写，中层经理收集、分析，最后发到总部进行进一步分析。

中层经理注意到几个月内，不同的监管员汇报的暂停次数迥异。所以作为"称职的"经理，他们询问那些上报了许多次暂停的监管员："你们的员工怎么了？为什么你们暂停的次数这么多？"经理们没有意识到，这个问题会让许多监管员难为情。不可避免地，一些监管员开始责怪员工低效无能，怀疑他们背地里偷懒。这种始料未及的演变不知不觉地损害了项目的成效。这下可好，又得采取新的适应性行动来解决人们在判定安全问题是否需要汇报时犹豫不决的问题了！

经验教训

- 在复杂的人事系统里，预测一个初衷美好的项目会有怎样意料不到的后果是极其困难的。尽管这个项目已经进行过试点运营，但是人们还是没有预料到中层经理拥有了各个监管员及员工的效率信息后，他们的反应竟然影响了项目数据的收集，而收集数据才是项目的初衷。我在一个大型跨国电梯公司里遇到过一个非常相似的情形。总部要求各国分公司上报维修信息以保持运营的标准化、高质量。于是总部高层能够了解到哪个国家的分公司问题最多，并询问问题的根源。后来他们发现，这些分公司的解决办法就是不再把需要维修的问题汇报给总部，而是交给了当地维修公司。于是，总部最初试图建立一个高质量集中管理体系的计划失败了。

- 现在要处理的新问题是如何避免安全信息系统成为管理控制系统。这需要把设计师、管理者、员工都聚到一起，组织一场对话，共同决定接下来如何才能让双方的需求都得到满足。

第7章 创新的适应性行动

案例 20　减少美国林务局消防员的死亡人数

这个问题也很棘手：如何减少美国林务局消防员的死亡人数。我作为影子顾问，和他们的另一位内部顾问/咨询师一起工作。我的搭档正尝试让管理层摆脱"分析根本问题"和"寻找归咎对象"的思维定式。新的思考方向应该是：怎么才能让员工认识到并接受森林火灾的混乱复杂性，并采取集体适应性行动以避免生命危险呢？我在学校的同事卡尔·维克对此早已提出了他的观点。他认为，在这种情形里人需要"集体建构感知"，因为没有哪个个体能看见全局、知道危险可能来自哪里（Weick，1995；Weick and Sutcliffe，2007）。

规则和程序永远都不能保障意料之外的紧急事件再不出现，没有哪个监管员能够对情形有足够充分的了解，并做出有效的决策。现在他们需要的适应性行动是找到一个方式，让消防员们分享他们所见，并基于这些信息做出集体反应。但每个消防员的视角都是有限的，因为他们全部的注意力都投注在了手头的紧迫任务上。我的同事向森林管理局提了一个很有趣的适应性行动建议：当消防员执行扑灭山火的任务时，指定一位观察员退后一步，尝试观察全貌，并持续向团队汇报新动向，让大家在做出行动之前能先对全局有整体性的认识。观察员的角色可以轮换，这样所有的消防员都能学习观察全局。

随着我们继续交谈，我意识到林务局里有内部的亚文化，每个人对消防的核心任务都有不同的假设：消防的核心任务究竟是扑灭林火、保护物产，还是挽救生命，甚至是通过允许有控制的燃烧，保护物种？当大家默认前提各自不同，这意味着任何所谓的解决方案，比如说集体建构感知，实施起来都会发现一旦发生紧急情况，由于人们对消防任务各自持有不同的目标，每个人采取的应对策略都将是不同的。现在森林管理局的问题不再是用什么样的办法才能降低伤亡率了，而是下一步怎么才能让这个团队自我审视，检验各种假设，反思组织。能做到这点的话，他们自己就能想出下一步新的适应性行动。

经验教训

- 组织里的管理层必须认识到新的适应性行动是有必要的、更好的，如此内部顾问、想要变革的高管和被赋予变革任务的员工才能共同展开一系列新的对话和培训。在这里，让合适的人同聚一堂，激发出新的对话是至关重要的一步。这也再次强调，顾问最重要的工作就是帮助客户理解问题的真正混乱之处。当旧的办法失效，首要的步骤就是寻找新的解决方案，组织新的诊断性对话。正如之前的章节强调的，最主要的变革是为定义问题、解决问题创造新的流程。

案例 21　帮助 INPO 更好地支持核电厂

这个案例尤其有意思，因为在这个案例中我是帮助者的帮助者。INPO 的工作是每年定期参观核电厂，分析其运营情况，界定问题并在解决问题时提供帮助。尽管 INPO 由这些核电厂资助以帮助其安全运行，但让人感到意外的是他们遇到了一个难题，核电厂管理层在不同程度上拒绝进行外部评估，对 INPO 的分析结果也持很强的防御态度。

我发现自己已经发表了很多关于"帮助"引发人际问题的演讲，我也常常建议，"如何帮助"与发现安全问题一样重要，甚至更加重要。实际上，当我问 INPO 分析师，他们到核电厂参观需要花多长时间才能发现主要问题时，他们说"大约半天"。因为重要的安全问题并非技术性问题，而是明眼可见的管理和人际关系问题。

但是在工程文化里，这种洞察没有多少价值，所以分析师们经常花一整周的时间，将洞见转化为评估和书面文件。这个部分的流程他们已经得心应手，但给核电厂和管理层提供反馈这一行为使得他们有机会重新设计流程，让反馈显得不那么有威胁性。尽管后来各处实施力度不一，但在向核电厂提交报告这个问题上，新的适应性行动的核心在于帮助INPO分析师与核电厂员工、管理层建立起2级关系。

经验教训

- 当安全与效率、排期及人类对高效的渴望交织在一起时，人们很容易说"安全第一"，但即使是在高危行业，实际观察到的情况也往往背离这一价值观。安全问题之所以复杂混乱，是因为人们总是很容易为了别的追求，以牺牲安全为代价（Amalberti, 2013）。电力公司就是如此。他们有复杂的管理结构，既有核电厂，也有煤电厂。公司管理层对核电厂施加压力，要求他们高效又节约，这使得核电厂管理层产生防御心理。因此，INPO要采取的一个重要策略就是知道怎么选择恰当的时机，以什么样的方式邀请工厂管理层聆听反馈。

当我回顾我在顾问委员会任职的五年，我想自己最大的贡献，就是使得他们解决问题的注意力从专注做更好的分析师转向致力于成为更好的帮助者。

改变对话的性质：创新的适应性行动

这一章，我以几个给我留下了深刻印象的案例来结尾，它们说明了对适应性行动和干预的思考需要更有创造力。这一章的主题依然是如何发现客户真正的担忧、真正的需求以及要着手解决哪些问题。最重要的适应性行动通常发生在帮助客户寻找问题的答案这一过程的早期阶段。

案例 22　适应性行动的成与败：DEC 战略回顾

1980 年代，美国 DEC 公司取得了巨大的成功，但技术、计算机市场及内部动力的变化为公司带来了一系列极其混乱的问题（Schein，2003）。新技术令计算机的设计愈发复杂，这要求不同的工程师团队之间更密切的合作，也要求软件与软件之间有更多的协同。创始人肯·奥尔森的管理风格对于一个年轻的创新公司来说非常有效。但随着公司的成功、时间的推移及公司的不断壮大，几大产品小组各自为营，相互之间毁灭性地互相纠缠、竞争，他的管理风格逐渐失灵了。

DEC 公司有着技术创新型的文化，加之早期产品取得了巨大的成功，公司文化 DNA 里一直缺少"商业基因"，以至于人事和其他费用日益增长，逐渐失控。过去，虽然成本一直居高不下，但公司不断增长的态势解决了这一问题，所以肯一直不愿意采取裁员的方式。的确，在某种程度上这些员工像是他的孩子，而他对这些员工的忠诚也一直是 DEC 的优势所在。

DEC 有许多矛盾，其一就是他们其实并不缺乏洞察。肯和他的经理们能看见外界和内部的所有变化，但他们停留在对创新和持续增长有着执着的信念上，却没有采取任何适应性行动。商业分析师和外部顾问都无法理解为什么 DEC 没有捕捉到市场向小型、方便的台式电脑发展的趋势。实际上他们看到了这一趋势，但他们选择不予回应，依然将希望寄托在他们深信的实力雄厚的顾客身上，相信这会为他们提供足够大的、持续增长的市场。到 1980 年代末，DEC 的问题已经成了一个复杂、混乱的棘手难题。DEC 内部各业务单元都请过许多内部组织发展顾问，我和他们一起共事过，一起开过许多会议，想尽办法帮助公司。但核心高管之间总有明枪暗箭，要得出有效的适应性行动越来越难。

我们有过一个成功的适应性行动，解决了肯的情绪爆发问题。肯一旦心情不好，就会当众出言羞辱某位高管。人人都讨厌他这么做，但是没人阻止得了。为了帮助管理委员会，我猜想，也许肯发怒是因为某些事情让他很着急。于是，每当大家感受到他的焦虑正急速攀升，他们就迅速给予肯一些材料，表明一切尽在掌控之中。他们尝试了几次，发现肯勃然大怒的次数的确减少不少。在某种程度上，这就是最能清晰地说明适应性行动含义的例子。我们没法直接改变肯，但大家能调整与肯相处的方式，而这也的确改变了肯的行为。

我当时也与管理委员会、人力资源高级副总裁一起共事。这位人力资源副总裁深得肯的信任，他也一年又一年地试图帮助肯驾驭公司里势力日益增长的、各自为政的诸侯们。森林会议变成了公司管理结构中非常重要的一部分，就在这些会议上，肯向大家寻求下一步行动的共识。这些会议里通常有外部人士参与，他们是激发思维的资源，有时他们也会帮助肯说出他想强调的观点，有时替其他高管向肯发出信号。1980年代末，在这样的一场会议上，肯对主办者苏说："下次再开森林会议，我们必须谈谈产品战略。"这清晰地表明，肯知道公司必须聚焦，但并不知道如何着手。

为了避免战略会上出现破坏性的争吵，苏和我都认为最好的办法就是找一位世界一流的战略专家，也就是已逝的苏曼特拉·戈沙尔前来参会，在概念上为大家提供一些启发，再带领众人做活动，以引出战略核心。与会者都是核心高管，当然也包括三个待选产品团队的主管。我的角色是提前向苏曼特拉介绍公司问题的严重性、混乱性，并在森林会议中尽可能地提供支持。

会议在缅因州森林深处肯的度假村举行，开会用餐在综合楼，住宿在五栋分别能容纳 4～6 人的小木屋，放松娱乐也有许多相应的设施。度假村临近山脚，旁边有个小湖。来这里，要么从附近一个镇子沿着伐木路走上六个小时，要么从距离最近、有简易机场的镇子起飞，搭乘直升机过来。我们都搭乘的是在小镇和波士顿之间往返的六座私人飞机，然后再坐半小时的直升机到度假村。森林会议的上午和午后通常安排得很紧凑，下午剩下的时间主要是休息娱乐，晚饭后再继续开会。肯鼓励人们徒步上山、划独木舟、玩掷马蹄铁游戏或打排球。他希望通过这些集体活动，人们能更加信任彼此，达成足够的共识。

我在森林会议里的角色，通常是陪伴在肯的身边，让他能私下尽情倾诉他的思考和沮丧。大多数时候，我耐心聆听他的长篇抱怨，指责人们如何让他失望。但只要一有机会，我就尝试提出新的视角，分析别人行动背后可能有哪些考虑。偶尔我也会建议他与其一人生闷气，不如直接找公司里他能信任的对象谈一谈。如此陪伴他许多年后，我意识到，肯能与之吐露心事的密友极少。尽管我偶尔给他一些建议，但我并不应该这么做。我最主要的任务是给肯一个梳理思绪的机会。通常长篇抱怨结束后，他都会表示自己对接下来的计划已有头绪。

在森林会议上，苏曼特尔做出了极大的贡献，成了我们的英雄。他让我们知道在过度开销和资源有限的情况下，公司不可能同时主推三个产品（大型计算机系统 Aquarius、Alpha 芯片和搜索引擎 AltaVista），必须聚焦。随后讨论非常热烈，原则上每个人都认可了这一点。但不论是会上还是接下来的几个月，这三个产品的带领者依然深信不疑地认为自己才是 DEC 未来的救星。肯错以为大家已经达成了共识。他没看见，或者他无法理解——诸侯们的争斗已经日益丑陋，他们互相欺骗、夸大需求、掩盖错误，甚至据说还秘密窃取对方的资源。如果肯不是现在这个性格，他可能早就把这三个阵营的领头人都开除了。但他视员工为自己的孩子，他尊重他们的才华。内心深处，肯不想把这些员工看成一群彼此激烈争斗的普通人。

董事会和管理委员会的成员们都在努力寻找一个适应性举措，好让他们控制住局面，但在 1990 年代初，公司内部争斗更严重了。肯越发失控，董事会只好强迫他退休，并随后任命了一个更独断专横的人接管公司，好着手"修复"。许多人认为这基本上就是为卖掉公司做准备了。

经验教训

- 我为 DEC 提供咨询服务这么多年，最大的感悟就是我终于认识到，客户系统里各个部分已各自形成了根本不同的目标和价值观，这使得某些复杂混乱问题交织在一起，无法被解决，甚至无法得到调和。我认识到，随着时间的推移、市场的变化、公司的壮大、系统里的各股力量会以意料不到的方式随之变化。当有人问我，DEC 这样的公司有我的帮助怎么还会失败，我只能半开玩笑地回答，"如果我和别人没帮忙，他们可能倒闭得更快呢"。

案例 23　为萨博技术咨询公司创造新对话

有别于惯常的研讨会，解决问题的方式也可以是邀请不同的人一起展开新的对话。我与萨博技术咨询公司的负责人一起联合设计的研讨会就是这样的一个例子。萨博技术咨询公司是萨博集团的技术分公司，有六个研究部门，每个都为公司某一领域的业务服务。我的客户佩尔·瑞斯伯格希望我设计一个活动，帮助研究部门的主管们认识到合作的潜力，而不是继续各自为政。与佩尔交流之后，我们决定可以把接下来三天的会议分成以下几个部分。

第一部分，我会解释文化的概念以及如何解读文化。每个部门派两位成员做"民族志学者"。第二部分，他们会去别的组学习新的文化。第三部分，向全组汇报自己所见。第四部分，集体讨论组与组之间有哪些共同的文化主题可以作为未来合作的基础。主管们从文化的视角观察彼此，并且被要求相互分享自己的观点，这一举动创造出了全新的对话，在接下来的几年里促成了多种形式的合作。

经验教训

- 这次干预之所以收效良好，是因为我与这个公司的负责人共同设计了方案。公司负责人目标清晰,也很乐意与我联合设计适应性行动(在这个案例里,适应性行动变成了对主管们互动流程的"大型干预")。他很清楚自己才是这一干预的负责人,他有着强烈的动机,渴望解决问题。我们之间高度的个人化关系让这次经历成为我咨询生涯当中最令我有满足感,也最为成功的一次。

案例24 在壳牌勘探与生产部门运用对话

在解决一些开放、复杂的问题时,对话尤其合适。用对话的形式找解决办法,其前提是人们必须共同思考,找到做事情的共同基础,而不是迅速做出诊断或者做出仓促的决定。我与壳牌石油公司的勘探与生产部门合作的时候,就有这么一个有意思的案例。壳牌勘探与生产部门希望我对他们的文化进行解析,并帮助他们找到评估文化的方法。我们花了一整天时间讨论每个部门的工作及相关的文化理念,之后我们发现难以达成应如何评估部门文化的共识。那是一次外出会议,所以晚饭后我们可以继续探讨。

晚饭后,我们12个人坐了下来。我说:"今晚我想带大家尝试一个新的方法。请每一位轮流发言，并且在发言期间，其他人不可提问也不可打断。每个人发言的时候，请说出你个人希望如何被评估，以及你对评估怎么理解。"

大家都同意尝试。所以在接下来的半个多小时里，我们聆听了每个人的心声，包括各自希望如何被评估、被理解，我们的讨论里哪些关键的文化维度被遗漏了，未被看到。勘探部门的成员希望能以勇气作为评估文化的标尺，正是因为勇气，他们才冒着风险发现了新的油田。他们希望自己因敢于冒险而被嘉奖。开采部门的成员希望能以安全作为评估文化的标尺，因为在炼油管理中他们要不断地预测风险并尽最大努力规避风险。他们希望自己因成功规避风险而被嘉奖。到了这一步，问题的症结就非常明显了。我建议大家好好说说各自口中的"评估"到底是什么意思，这对于团队是拨开迷雾的重要一步。

经验教训

- 随着问题越来越复杂、混乱，连试图回答"问题在哪里""是什么让我们如此困扰""我们应该改变些什么"都越发困难。我们都有迅速消除困惑的心理需求，这让我们倾向于过度简化问题，倾向于寻找"根本原因"来获得一些心理安慰，倾向于通过"界定问题，处理问题""寻找办法"的常规流程，让自己觉得事情正在朝好的方向发展。但有时，也许只有承认不知道怎么办，我们才能真正看清问题。所以让我们再次回顾这本书最开始时我描述的案例，即学术医疗中心的午餐会咨询案例。

案例 25　学术医疗中心的特别午餐小组

这个案例还在继续发展着，是时候为适应性行动做准备了。下个月我将要再次和这群医院管理者及医疗中心的 COO 会面，这将是我们的第六次午餐会。我还是没有头绪，但我能够回顾之前采取过的行动，鼓励自己肯定能在会议上发挥作用。

第一次开会时，我们简单地互相介绍了一下，说了说来参加这个午餐会的原因。大家都抱着好奇心，也都希望能找到新的点子让医院的改善项目继续进行。COO 的目的是希望体系里的核心成员对改善方向达成共识。

当我聆听集体发言时，我发现人们引用某些概念的时候不太准确，似乎彼此指代的含义也不一致，尤其是"文化"这个概念。我不得不偶尔打断他们,请他们举例说明。然后我以专家的角色解释了文化模型的含义,希望大家对一些概念理解更加清晰。我注意到群体里有一些很重要的亚文化没有被大家充分理解,所以我问了一个可以激发大家讨论的问题:"如果你是医院院长,你最不愿意看到的是什么?"答案是:"一位病人毫无必要的死亡。"我又问:"如果你是医学院的院长,你最不愿意看到的是什么?"答案是:"一位研究员被揭发伪造学术成果,让整个学院为之蒙羞"。差异巨大的答案反映了差异巨大的目标设定。

在接下来的一次会议上,我们实践了一个新方法。我们邀请彼此聆听各位成员发言时,先感知对方观点里的情感浓度,再对观点展开探讨。一位迟到的成员刚在手术室里经历了一系列让人沮丧的事件,我建议我们一起就他的经历探讨一番。结果这次集思广益的讨论让大家想出了操作流程上有好几处地方可以改进。我观察到大多数人的想法都是大动干戈的变革——比如重新分配资源。这需要对流程做根本性的改变。这使得我尝试了另一个"教育性行动"。我对大家提了一个要求,请他们找出一些可行且影响重大的小改善,而不是格局宏大但难以落地的想法。我不熟悉医院,所以没法举医疗相关的例子,只能列举一些生活事例做说明。

在下一次会议上，我问人们对上次的讨论感受如何，得知大家都很享受这个聚在一处自由交流的机会。他们意识到自己的工作过于忙碌，连聚在一起放松聊天、交流观点的机会都没有。我们的职业道德感如此之强，以至于我们不会为聚在一起聊天找借口。

COO做出了适应性行动，邀请我一个外来者与这群自愿参与的小组成员共进午餐，商谈文化变革，这极大地触动了我。组织午餐对话小组的实例，证明了一个小小的改变，完全可以为多方面带来巨大的改善。医院管理者之间越多地互相建立关系，他们就越能对眼前的乱象有更清楚的认识。

我也学会了不必为自己毫无头绪而担忧。随着这个小组逐渐茁壮成长，组员们对彼此越来越开放、信任，我们之中总有人会想出好办法。对我个人来说，这是最重要的收获。

总结与结论

这一章主要介绍的是"适应性行动"的性质和多种形式。我用"适应性"这个词，是想强调这些行动并不是对于"问题"的解决办法，而是一些会改善当前情境的动作，这些动作会激发出更多的诊断性数据，并触发下一步行动。用"行动"这个词，我是想强调我们迈出的步子很小。要改善现状，不必只寄希望于宏伟规划或大型干预。

我观察到这种适应性行动经常能迅速有效地帮上忙，于是我对咨询顾问真正该做的事情有了全新的理解：专注于了解客户担忧的原因，与客户共同决定下一步能采取的行动。

考虑到组织发展越来越复杂，一切变化都在加速发生，我能为适应性行动找到的一个最好的类比就是即兴戏剧。这么多年来，我意识到规划、框架、规章、例行程序能给我们带来许多心理安慰，但最后它们未必真有多大帮助。实际上，个人化、建立关系、共同发挥即兴精神，这些对于迅速提供切实有效的帮助更有效。

> **对读者的建议**
>
> 找两位或多位有兴趣一起探索的同事，与他们讨论如何在工作环境或家庭生活中用新的方式对话，或者讨论如何与对方、与上司、与自己的伴侣建立新的个人关系。不必寻找标准答案。你可以尽情地畅想，看看在你最混乱、最头疼的领域里，可以做出哪些小小的改变。
>
> 不要借助公式和工具，试试看，你能不能依靠内在的问讯精神，发掘本性里的好奇心。

结束语
CONCLUSIONS

关于如何成为客户真正的助力的一些想法

最后我想用几个贯穿全书的建议来做总结。这些都是第 2 章内容的重申。所有这些想法组合在一起,最后就定义了谦逊的咨询。

- 要真正起到帮助作用,就需要界定什么才是真正的问题。也就是说,究竟是什么让客户如此困扰。当然,我们也可能要面对这样一个现实:其实并不存在一个所谓的"真正的问题",存在的只有让客户手忙脚乱的方方面面的困扰。

- 要定位客户的困扰,就需要客户和帮助者之间建立开放、信任的沟通。客户必须要感到足够安全，才能袒露心声，说出让他/她烦恼的事情。

- 要建立开放、信任的沟通，就需要超越大多数场景下非常正式的 1 级专业关系，建立 2 级关系。

- 从见面的第一刻起，就表现出你尽心提供帮助、你的好奇、你对客户和议题的关心，以此建立个人化的关系，这也是建立 2 级关系所需要的态度。

- 将关系个人化，意味着问更个人化的问题，带着同理心聆听客户对问题的描述，聆听对方表达自己的感受，也许他们还会吐露更加深刻的心声，自发地做出决定。

- 当双方都能感受到已经进入 2 级关系，接下来无论是要定义问题，还是寻找着力方向，或者决定下一步行动，都能通过帮助者与客户之间有来有往、团结齐心的对话找到答案。

- 如果问题实际上很简单明晰，那么帮助者可以视情况而定进入专家或医生的角色，或把客户介绍给别的专家或医生。如果问题混乱复杂，那么客户和帮助者可以想出一个可行的适应性行动，尽管他们也很清楚这不一定会解决问题，但还是会起到一些帮助作用，这些适应性行动可能会引出新的信息，并帮助确定下一个适应性行动。

- 这些都应该是咨询顾问和客户共同做出的决定。因为咨询顾问单枪匹马无法对客户的个人情况或组织文化有足够的了解，并给出最佳的建议，而客户也不会对某种干预手段（比如问卷调查或其他诊断工具）带来的影响有足够充分的了解，从而单方面决定某一特定行动。

- 于是咨询顾问的责任之一，就是了解各种适应性行动可能产生的影响并充分告知客户，看看他们是否为此做好了足够的准备。

构成谦逊的咨询的这些要素有一个共同点：它们都发自尽心帮助精神、好奇心和关心。面对需要被尊重、被关怀的客户，面对复杂、混乱的情形，咨询顾问应虚心以待。这个模型新颖、独特在哪里？一是对个人化的不断追求，二是重视自己的好奇心——这是咨询过程中最重要的内驱力。

最后，我以一个很重要但可能让人有些害怕的想法来结尾。这个新咨询模型可以应用在方方面面。父母们如果能稍稍尝试谦逊的咨询，养育过程则会高效许多；从事服务业的工作人员如果能应用谦逊的咨询，推销服务、解决问题时也会更出色，就像苹果商店天才吧的员工一样；医生、律师和其他专业人士如果能成为谦逊的咨询顾问，他们就能更好地帮助别人。最主要的是，各个级别的领导者和管理者会发现，他们必须不时地进入谦逊的咨询顾问角色才能让日常的工作保持高质量和低风险。

这对于领导者和管理者是最难的，因为他们本应该胸有成竹、目光长远、指挥若定，成为大家的英雄，但他们也会遇到越来越多令自己束手无策的问题。他们最需要知道的是如何坦然接纳自己的无知。一旦能这么做，接下来便可邀请正确的人（大多数情况下是下属）聚于一室，通过对话得出接下来应采取的适应性行动。

能意识到自己跟咨询顾问一样，也会陷入毫无头绪的领导者和管理者很少，这一发现让我最为不安。希望他们能认识到作为领导者，没有必要为自己不知道怎么办而感到难堪，从无知状态出发，继续向前吧。

致　谢
―――― ACKNOWLEDGEMENTS ――――

在写这本书的过程中，许多同事和客户影响了我。我想对同事杰维斯·布什特别道一声感谢，他几年前第一次让我注意到《对话式组织发展》和奥托·夏莫的《U型理论》，后者让我对助人和咨询有了一番新的思考。据说写作是对一个人是否有真才实学的考验。而我在写作的过程中，受益于与我的儿子彼得和编辑史蒂芬·佩尔山迪的对话良多。

在想法逐渐成形的过程中，我得益于与大卫·布拉德福德、诺姆·库克、菲利普·米克斯、乔·桑齐里的大量对话，这些都促进了新想法诞生。我从彼得处也获得了很多重要的想法和反馈，他也是我下一本书《谦逊领导力》㊀的合著者。还有罗莎·卡里略、约翰·克朗凯特、蒂娜·德费尔、玛丽·简·科尔纳茨基、蒂姆·克普勒、乔西·欧加瓦、黛安娜·罗林斯、杰克·斯维辛、托尼·萨奇曼和伊琳·沃瑟曼，这些都是我的同事和朋友，他们与我一同检验这些想法的可行性。因为与以下这些朋友的交谈，我的思路得以明晰：

㊀ 此书中文版已由机械工业出版社出版。——译者注

致　谢

马尼沙·巴杰尔、凯瑟琳·斯凯勒·戈德曼、冯美林、金伯利·维夫林、莉莉和陈彼得夫妇、玛乔丽·戈弗雷。我知道我一定还遗漏了好些予以我重要帮助的朋友，在此深表歉意。

我还要谢谢杰夫·理查森和南湾组织发展网，让我有机会将这种关于帮助过程的新思考方式，介绍给一群富有同情心和潜在批判意识的听众。

最后，当然是感谢我的客户。他们是这本书里默默无名的英雄。他们不仅将棘手的难题带到我的面前，还与我一起积极地思考解决的办法，而正是他们的投入，让我领悟到了这种新工作方式中最核心的要素。

关于作者（自述）
—— ABOUT AUTHOR ——

我在芝加哥大学完成了通识教育，在斯坦福大学获得了社会心理学硕士学位，在哈佛大学社会关系学院获得了社会心理学（包括社会学和人类学）博士学位。这是我进入"真实职场"前的学术背景。我本来计划成为一名实验社会心理学家，但在沃尔特·里德研究所度过了一段高产的博士后时光后，我决定试试在麻省理工学院斯隆管理学院做做研究。在1956年做出这个决定时，我还不知道，管理界不仅会让我接触了各种各样有着不同想法的学生，还会给我许多机会去面对组织内那些我一无所知的现实问题并展开咨询。

但是我作为一个科学家受到的训练也让我成为一个学习者。在写这本书的过程中，我意识到了好奇心和组织发展早期"问讯精神"的重要性，而这些正是科学发展的基础。我发现咨询既让我心醉神迷，又让我满心生忧。我们受人所托，拿着酬劳是为了助人，但是客户来找我时，我发现我在书中读到的咨询模型很少能派得上用场。我想，与其生搬硬套现有的模型，不如将我的经历记录下来并从中提取经验和心得。

就在那段时间，我发现社会学和人类学的理论给了我极其关键的指导。

我同样也认识到，在人文学科中，实验研究并不可行。助人过程中必不可少的调研和问讯两个动作，会对我们正观察着的内容产生干预甚至改变作用。但被训练成为一名科学家，我发现观察、记录、尝试提炼出经验依然是"科学的"。我经常想，在人类的舞台上，我们还处于观察、记录、将概念理论一一实践的达尔文阶段，还没有找到一套全面的理论能对全部现象进行解释。在寻找这样的理论时，我们所能做的就是与同行积极分享自己的观察和结论。我们将自己的经验写下来，算是一份"结论"。但我们也知道这些只是目前的假设，是要被下一代观察者和求道者抛弃、吸收或延伸出去的。秉持着这样的精神，我想我可以大胆地说"这就是我认为的助人之道"，因此，"当你试图给别人提供帮助时，你应该这样做"。

到目前为止，我总结出的助人过程一直有效。作为管理学院和国际组织发展网络组织发展领域的学者/实践者，我获得了终身成就奖。但我的学习之旅依然没有结束。

有幸与硅谷的公司合作，使我的注意力被吸引到了一个全新的话题上：在这个高速运转的创新时代，领导力是如何进化的？这也把我引领到了我必须奔赴的下一个目的地：将"谦逊的领导力"总结成书。我会与我的儿子彼得合著，他在硅谷炙手可热的公司里有过丰富的管理和领导经历，他将和我一起研究未来组织遇到的难题将是多么复杂棘手，今日的领导力模型是多么不切实际。每写完一本书，我都把它们当成我的"最终总结"，但结果却发现我又不断遇到新事物，我依然需要继续观察、记录并尝试理解。

参 考 文 献
——— REFERENCES ———

Amalberti, R. (2013) *Navigating Safety*. Dordrech, Germany: Springer.
Barrett, F. J. (2012) *Yes to the Mess: Surprising Leadership Lessons from Jazz*. Cambridge, MA: Harvard Business School Press.
Bohm, D. (1989) *On Dialogue*. Ojai, CA: David Bohm Seminars.
Bushe, G. R., and R. J. Marshak, eds. (2015) *Dialogic Organization Development*. San Francisco: Berrett-Koehler.
Goffman, E. (1959) *The Presentation of Self in Everyday Life*. New York: Doubleday Anchor.
———. (1963) *Behavior in Public Places*. New York: Free Press.
———. (1967) *Interaction Ritual*. New York: Pantheon.
Heifetz, R. A. (1994) *Leadership without Easy Answers*. Cambridge, MA: Harvard University Press.
Isaacs, W. (1999) *Dialogue*. New York: Doubleday Currency.
Langer, E. (1997) *The Power of Mindful Learning*. Reading, MA: Addison-Wesley.
Madanes, C. (1981) *Strategic Family Therapy*. San Francisco: Jossey-Bass.
Plsek, P. (2014) *Accelerating Health Care Transformation with Lean and Innovation*. Boca Raton, FL: CRC Press, Taylor & Francis Group.
Scharmer, C. O. (2007) *Theory U*. Cambridge, MA: SoL Press.
Schein, E. H. (1969) *Process Consultation*. Reading, MA: Addison-Wesley.
———. (1999) *Process Consultation Revisited*. Englewood Cliffs, NJ: Prentice-Hall.
———. (2003) *DEC Is Dead; Long Live DEC*. San Francisco: Berrett-Koehler.
———. (2009) *Helping*. San Francisco: Berrett-Koehler.

———. (2010) *Organizational Culture and Leadership*. 4th ed. San Francisco: Jossey-Bass Wiley.

———. (2013) *Humble Inquiry*. San Francisco: Berrett-Koehler.

Schein, E. H., and W. G. Bennis. (1965) *Personal and Organizational Change through Group Methods*. New York: Wiley.

Schein, E. H., and Van Maanen, J. (2014) *Career Anchors*. 4th ed. San Francisco: Wiley.

Senge, P. (1990) *The Fifth Discipline*. New York: Doubleday.

Weick, K. E. (1995) *Sensemaking in Organizations*. Thousand Oaks, CA: Sage.

Weick, K. E., and K. M. Sutcliffe. (2007) *Managing the Unexpected*. 2nd ed. San Francisco: Jossey Bass, Wiley.

领导变革之父约翰 P. 科特 经典之作

约翰 P. 科特
领导变革之父，全球一致公认的领导和变革权威，哈佛大学教授
20世纪对世界经济发展最具影响力的50位大师之一，《纽约时报》畅销作者

科特教授自1972年开始任教于哈佛商学院。1980年，他在33岁的时候，被授予哈佛终身教职，是有史以来在哈佛商学院获此殊荣的最年轻的一位，因撰写最佳《哈佛商业评论》文章而两次获麦肯锡奖。科特还是一名实践者，曾任雅芳、花旗、可口可乐、通用电气、美林、雀巢、飞利浦、普华永道等国际知名公司的顾问。

《认同：赢取支持的艺术》
怎样让你的好主意赢得支持并达到预期效果？赢取认同的关键，不在回击反对者，而是保持尊重并坚持己见，争取更多中立的人。

《变革之心》
以变革的8个步骤为主线，精选34个案例，向人们展示了成功变革的模式。

《领导变革》
被《时代》杂志评选为最具影响力的25本管理图书之一。

《权力与影响力》
应当如何运用自己的现有权力与影响力来得到别人的帮助以顺利地完成工作。本书充满了创新性的思想和专家建议，对组织运作进行了精辟分析。

《变革加速器》
帮助企业建立"双元驱动体系"，即把企业原来层级体系和更灵活的网络结构结合起来，构建灵活的战略以适应快速变化的世界。荣获麦肯锡商业/管理领域世界最实用与最具突破性思想奖。

《总经理》
专门研究总经理这一特殊职位的专门著作，对于指导人们担当总经理这一职位，取得事业的成功，以及甄选、培养、安置这方面的人才，都具有实践和学术的价值。

推荐阅读

清华大学经济管理学院领导力研究中心主任
杨斌教授 担当主编 鼎力推荐

应对不确定、巨变、日益复杂且需要紧密协作挑战的管理沟通解决方案
沙因组织与文化领导力系列

谦逊的魅力
沙因 60 年咨询心得

埃德加·沙因（Edgar H. Schein）

世界百位影响力管理大师 斯坦福社会心理学硕士哈佛社会心理学博士
企业文化与组织心理学领域开创者和奠基人

恰到好处的帮助
人际关系的底层逻辑和心理因素，打造助人与求助的能力，获得受益一生的人际关系

谦逊领导力
从人际关系的角度看待领导力，助你卸下独自一人承担一切的巨大压力

谦逊的问讯
以提问取代教导，学会"问好问题"，引导上下级的有益沟通，帮助组织良性运作，顺利达成目标

谦逊的咨询
回顾 50 年咨询案例，真实反映沙因如何从一个初出茅庐的实习生成长为成功的咨询大师，感受谦逊的魅力，为组织快速提供真正的帮助